Éditions du Moment
15, rue Condorcet
75009 Paris
www.editionsdumoment.com

# Le dictionnaire terrifiant de la Dette

Du même auteur

*Quand la zone euro explosera…*, Éditions du Moment, 2012.

*Krach, boom… et demain ? Pour enfin comprendre la crise et l'économie mondiale*, Dunod, 2009.

*Le Politique saisi par l'économie*, Collectif, Éditions Economica, 2002.

*Le Retour du plein emploi, une nouvelle révolution françaïse*, (avec Pierre Alexandre), Anne Carrière, 2000.

Marc Touati

# Le dictionnaire terrifiant de la Dette



Les Éditions du Moment

À mon père,
qui nous a quittés pendant l'écriture de ce livre.

# REMERCIEMENTS

Je tiens tout particulièrement à remercier les personnes suivantes, sans qui ce livre n'aurait pas été possible :

François Mitterrand et Jacques Attali, qui, les premiers, ont engagé la France dans l'accroissement massif des dépenses publiques tout en affaiblissant sa croissance structurelle, ouvrant par là même la porte à la crise de la dette publique.

Jacques Chirac et Lionel Jospin, qui, par leur manque de courage, ont refusé de réduire les déficits publics, même lorsque la croissance économique était soutenue de 1998 à 2001, tout en favorisant la création d'une zone euro trop large, donc trop faible.

Nicolas Sarkozy, qui a certes bien su gérer la crise de 2008, mais qui, en dépit de ses promesses, a laissé les dépenses publiques flamber, passant de 52 % du PIB en 2007 à 56 % en 2012.

Jean-Claude Trichet, qui a montré combien le dogmatisme et l'obstination pouvaient être destructeurs.

Mario Draghi, qui a réussi à transformer la BCE et à sauver la zone euro.

François Hollande, qui m'a dit il y a quelques années après un débat télévisé : « *J'aimerais bien que vous veniez nous remuer les idées au PS* », mais n'a jamais donné suite à son souhait. J'espère que ce dictionnaire lui permettra d'y répondre.

Jean-Marc Ayrault, qui sera le Premier ministre d'une France avec une dette publique représentant 100 % de son PIB, et a donc fourni l'un des principaux mobiles à ce dictionnaire.

Gérard Depardieu, qui n'a fait que confirmer une prévision que j'effectuais il y a déjà quatre ans et a ainsi ouvert une voie qui continuera de s'élargir tant que la pression fiscale augmentera dans l'Hexagone.

Jean-Luc Mélenchon et Marine Le Pen qui, par leur agressivité et leurs mensonges récurrents, m'ont ouvert les yeux sur les vrais dangers qui menacent notre douce France et sur la nécessité d'écrire ce dictionnaire pédagogique pour essayer de faire barrage aux ravages de l'extrémisme.

Enfin, et surtout, ma femme et mes enfants, que j'ai un peu délaissés pendant l'écriture de ce livre et envers qui j'ai donc une dette que je promets néanmoins de rembourser très vite.

# Introduction

Lundi 22 janvier 2007, sur le plateau d'une émission de la télévision française :

« *La* ***dépense publique*** *ne cesse d'augmenter et aucun des deux principaux candidats à l'élection présidentielle ne s'engage clairement à baisser cette dernière. Si nous continuons sur ce rythme, alors il faut être clair : dans cinq à sept ans, la* ***dette publique*** *française dépassera les* ***100 %*** *de notre* ***PIB****.*

*– Mais voyons, Marc, que vous arrive-t-il ? Vous qui êtes habituellement si optimiste, vous jouez les Cassandre. Je pense qu'il faut au contraire rassurer les téléspectateurs : la dette publique n'est pas dangereuse et ne dépassera jamais les 100 % de notre richesse.* »

Et pourtant ! En **2013**, la **France** va bien atteindre une étape décisive de son histoire : pour la première fois depuis la Seconde Guerre mondiale, et pour la troisième fois depuis la **Révolution** française, sa dette publique va être égale à sa richesse. C'est d'ailleurs en partie pour « célébrer » cet événement que ce dictionnaire de 100 mots (tous indiqués en gras dans cette introduction) a été écrit : 100 mots pour 100 %…

Le pire est que cette boulimie de dette n'émeut personne et surtout pas les dirigeants français. « *100 % !* nous disent ces derniers, *et alors ? Les* ***États-Unis*** *sont déjà à plus de 100 % depuis 2011 et ils ne s'en plaignent pas outre mesure.* ***Obama*** *a d'ailleurs été réélu sans véritable difficulté. Mieux, le* ***Japon*** *n'est-il pas à plus de 240 %, tout en restant la troisième puissance mondiale ?* »

C'est bien là que réside le principal problème de la flambée de la dette : personne ne s'en inquiète vraiment. Certes, il faut reconnaître que rapporter le stock de dette publique au flux de création de richesses (appelé PIB : produit intérieur brut) a peu de sens. En effet, que ce soit pour un ménage, une entreprise et à fortiori un État, il est **normal** que sa dette dépasse son revenu annuel, sinon il ne serait pas utile de s'endetter. De plus, la dette est souvent saine. Elle permet par exemple à un particulier d'acheter sa maison. S'il n'était pas possible de s'endetter, seuls des ménages très aisés seraient propriétaires. De même, une entreprise s'endette pour pouvoir investir et embaucher, de manière à se développer, gagner des parts de marché et générer du profit.

En revanche, ce qui est beaucoup plus problématique, c'est lorsque cette dette ne génère pas suffisamment de **croissance**, donc d'activité, de business ou encore de revenus, simplement pour assurer le paiement annuel des intérêts de la dette. Dans ce cas, pour payer ces derniers, il faut encore augmenter son endettement, qui devient alors explosif et se transforme en **surendettement**. Pis, cette situation finit par obliger le surendetté à vendre ses actifs, son patrimoine immobilier, voire ses propres biens, avec, en bout de course, la **faillite**.

Le problème n'est donc pas la dette, mais la capacité de l'endetté à la rembourser, c'est-à-dire à la rendre supportable. On parle alors de soutenabilité de la dette. À ce titre, les ménages, les entreprises et les États sont logés à la même enseigne. Certes, dans la mesure où l'horizon temporel des États est bien plus étendu que celui des ménages et des entreprises, il serait possible de laisser croire qu'ils n'obéissent pas à cette règle de bon sens. Comme disait l'économiste **Keynes**, inventeur du principe de la relance budgétaire, mis en musique pour la première fois après le **krach** de 1929 aux États-Unis : à long terme, nous serons tous morts. En revanche, les États perdureront. Au travers de cette analyse, certains ont cru déceler un blanc-seing pour pouvoir augmenter la dette publique indéfiniment. « *Au diable l'avarice !* » nous disent-ils. Que l'État s'endette ! Augmentons les dépenses et faisons confiance aux générations futures pour assurer le « service après-vente ».

Ce comportement est évidemment irresponsable. D'abord pour les générations à venir, mais aussi pour celles qui doivent gérer l'explosion de la dette. Et c'est aujourd'hui notre cas. En effet, bien loin d'avoir contracté une dette soutenable, les pays occidentaux, et notamment la France, ont dépensé sans compter et, surtout, en toute inefficacité. Ainsi, dans le monde occidental, seule une quinzaine de pays parvient à générer une croissance économique suffisamment forte pour assurer le paiement annuel de la **charge d'intérêts de la dette** publique. Dans la zone euro, il n'y en a que cinq : l'**Allemagne**, l'Estonie, la Finlande, le Luxembourg et la Slovaquie. Tous les autres, y compris la France, et ce depuis bientôt six ans, en sont incapables. Cela signifie que, pour payer ces intérêts, ils doivent s'endetter davantage. C'est ce que l'on appelle la **bulle** de la dette.

Bien sûr, certains pays apparaissent encore plus fragiles que d'autres. À commencer par la **Grèce**, le **Portugal**, l'**Espagne**, voire l'**Italie**, mais aussi **Chypre**, dont l'entrée dans l'Union économique et monétaire (UEM) le 1er janvier 2008 ne lui a vraiment pas porté bonheur. Et si **Dubaï**, premier pays à avoir connu une crise de la dette publique « nouvelle génération », a pu en sortir en quelques semaines, ces pays du sud de l'Europe y sont englués depuis quatre ans, et sont encore loin de pouvoir s'en extirper.

Pour autant, ne soyons pas **candides**, la France est tout aussi menacée. À ce sujet, il serait grand temps que les dirigeants politiques français arrêtent de masquer la réalité et de se complaire dans le mensonge. Que ce soit M. **Sarkozy** pendant la campagne présidentielle de **2012** ou plus récemment MM. **Ayrault** et **Hollande**, ils n'ont cessé de nous asséner la même formule aussi simple que fausse : **la crise est finie**. Quelle mauvaise farce !

Car, plutôt que de se voiler la face, il est au contraire urgent de responsabiliser nos concitoyens. La situation est claire : l'**actif net** de l'État français est négatif. Cela signifie que même si ce dernier vend tous ses actifs, appelés pour la circonstance « **bijoux de famille** », il ne peut pas rembourser toute sa dette. Bien sûr, nous n'en sommes pas encore là. La France n'est pas l'**Argentine** de la fin des années 1990, et nos **bons du Trésor** ne sont pas comparables aux **emprunts russes**. De même, aucun de nos créanciers ne songe à nous demander de rembourser la totalité de notre dette. Cela ne se produit d'ailleurs qu'en cas de faillite et/ou de **guerre**. Espérons que nous éviterons ces deux scénarios catastrophes.

D'ailleurs, lorsque la France a perdu son fameux **AAA**, elle ne s'en est pas plus mal portée. Et ce, d'autant qu'elle n'a été dégradée que d'un tout petit cran par les principales **agences de notation** (en l'occurrence Standard and Poor's et Moody's). Mieux, les taux des emprunts français ont fortement baissé en 2012, et l'**Agence France Trésor**, qui gère la dette publique hexagonale, rappelle régulièrement que les obligations françaises se vendent « comme des petits pains ». Ils bénéficient de ce que l'on appelle un ***flight to quality*** (afflux vers la qualité). Celui-ci caractérise le fait qu'inquiétés par les pays du sud de l'Europe et par les autres placements financiers (**bourses**, **immobilier**...), les investisseurs nationaux et internationaux se focalisent sur les obligations des États à priori sûrs, et notamment de la France. Celles-ci deviennent alors une aubaine pour les **marchés** à court terme, mais sont en fait un piège pour l'ensemble de l'**épargne** à moyen terme. Car, si cette dernière a pu survivre tant bien que mal après la crise des ***subprimes*** et la faillite de **Lehman Brothers**, une nouvelle tempête sur la dette d'un ou plusieurs États lui serait fatale.

De plus, cette tendance accroît notre dépendance à l'égard des investisseurs en provenance du monde émergent (et en particulier des **fonds souverains** de **Chine**, du **Qatar** et d'ailleurs). C'est ce que l'on pourrait appeler le revers de la médaille de la mondialisation. En effet, pendant plusieurs siècles, cette dernière a été plus que favorable aux pays dits développés. Mais, aujourd'hui, de par leur manque de réactivité et à cause d'une dette galopante, ils commencent à en subir les affres.

En fait, la faiblesse des taux d'intérêt des obligations de l'État français correspond à une bulle, dans la mesure où elle est en complet décalage avec la réalité de l'économie hexagonale. Et pour cause : la croissance est nulle depuis cinq ans, la **récession** est de retour, le **chômage** flambe, les inégalités augmentent et nos ***twin déficits*** (extérieurs et publics) dérapent. Ah ! qu'il paraît loin le temps où l'on annonçait le retour du **plein-emploi** ! Ce sera peut-être pour **2021**. L'**espoir** fait vivre…

En attendant, lassés d'être pris pour des **pigeons**, les candidats à l'**exil fiscal** se multiplient, le financement de la **retraite** est de plus en plus compromis, et la dette ne cesse de battre des records historiques.

Après avoir été financière, puis économique, la **crise** est donc en train de devenir **sociale** et peut-être même sociétale. Et ce n'est pas en augmentant les impôts, en instaurant le **contrôle des changes** ou encore la **taxe Tobin** que l'on va réussir à en sortir. De même, dans le contexte récessif actuel, le fameux concept du **BIB** (le Bonheur intérieur brut, de plus en plus développé dans l'Hexagone pour masquer l'atonie du PIB) paraît bien futile.

En conséquence, il est urgent que le gouvernement engage un virage à 180°, c'est-à-dire un véritable **changement** par rapport au **gâchis** des quinze dernières années. Au cours de cette période, la France a effectivement raté trois occasions de moderniser son économie en profondeur. La première date des années 1998-2000 au cours desquelles le gouvernement Jospin a refusé de réduire le déficit public structurel en dépit d'une croissance économique forte. La seconde, de 2002 où, bien que réélu avec 82 % des voix, Jacques Chirac a refusé la moindre réforme de fond. La troisième, de 2007, année qui devait marquer le début d'une rupture, que nous attendons toujours.

Qu'attendre alors de la présidence Hollande ? Sera-t-il le Schröder français ou le Louis XVI des années 2015 ? Pour le moment, n'en déplaise à M$^{me}$ **Merkel**, il faut reconnaître que la première possibilité paraît bien peu probable. En effet, les mesurettes pour soi-disant restaurer la **compétitivité** française sont loin du compte. Pire, elles risquent d'aggraver la récession et d'alimenter dangereusement le chômage. Que dire alors de l'investissement des entreprises, de la **volatilité** du **Cac 40** et de la stabilité financière du pays ?

Baliverne ! diront certains, en arguant des années **Mitterrand**. Car, lorsque ce dernier est arrivé au pouvoir en 1981, de nombreux économistes tiraient également la sonnette d'alarme. Pourtant, après s'être convertie à la « Realpolitik » en 1983, la France a redémarré. Mieux, soutiendront d'autres, les boursicoteurs, « méchants capitalistes » et autres « **voyous** » de la finance n'ont jamais autant gagné d'argent que sous l'ère Mitterrand. Seulement voilà, au début de cette dernière, la dette publique française ne représentait que

20 % du PIB, et elle était détenue à 80 % par des investisseurs nationaux. En 2012, ces deux ratios atteignaient respectivement 93 % et 35 %. Autrement dit, M. Hollande n'aura pas trois ans pour faire machine arrière mais, au mieux, dix-huit mois...

Évidemment, le retour de la croissance et la **sortie de crise** ne dépendent pas seulement de la France. Pour y arriver, il est également indispensable que la zone euro se modernise et qu'elle devienne notamment une **zone monétaire optimale**, c'est-à-dire une Union parfaitement intégrée, avec une harmonisation des conditions fiscales, réglementaires, un marché du travail unifié, sans oublier un plus grand **fédéralisme**, notamment d'un point de vue budgétaire. Dans le même temps, la gouvernance économique et monétaire de l'UEM doit être améliorée.

Certes, depuis le départ en retraite (bien méritée...) de Jean-Claude **Trichet** en novembre 2011 et son remplacement par Mario **Draghi**, désormais surnommé « Super Mario », la **BCE** a su faire taire une partie de son dogmatisme maladif. En un an, celle-ci a même sauvé la zone euro à deux reprises. La première fois en décembre 2011, en ouvrant un *open bar* (c'est-à-dire une possibilité de financement sur trois ans à un taux de 1 % en quantité illimitée) aux **banques** eurolandaises. La deuxième en septembre 2012, en annonçant que la BCE achèterait des obligations des États qui demanderaient le soutien du Mécanisme européen de stabilité (**MES**), une sorte de **FMI** européen. De quoi confirmer que, sans changement de ses statuts, la BCE a pu « muer » et devenir un peu plus pragmatique. En d'autres termes, ses dirigeants ont enfin compris qu'il ne sert à rien de **mourir guéri**.

Mais cela n'est toujours pas suffisant. Ne rêvons pas : la BCE et M. Draghi ne pourront pas aller plus loin que la Réserve fédérale américaine (Fed) et son président, **Ben Bernanke**, qui ont déjà engagé trois phases de « **planche à billets** », rapprochant les États-

Unis d'une situation de « **trappe à liquidités** ». Celle-ci signifie que l'excès de cash vient principalement alimenter les « bas de laine », ainsi que la spéculation sur les cours des **matières premières** et sur l'**or**, au détriment du financement de l'économie.

Sans en arriver là, les dirigeants monétaires eurolandais doivent néanmoins continuer de tout faire pour sauver la zone euro. Et ce, notamment en abaissant encore les taux directeurs et en mettant fin par là même à un niveau de l'**euro/dollar** trop élevé, que l'on pourrait également qualifier d'***euro killer***. Il faut donc arrêter d'être obnubilé par l'**inflation**, car aujourd'hui le principal danger réside dans ce que l'on appelle la ***debt deflation***. Sa concrétisation serait synonyme de retour aux années 1930 et d'explosion de la zone euro. En deux mots, ce serait le « **trou noir** ».

Pour les mois à venir, la tâche qui nous attend s'annonce donc rude. Nous allons tout d'abord devoir sortir de la récession, réduire les déficits publics et améliorer le fonctionnement des politiques économiques et monétaires, tant au niveau de la zone euro que de chacun des différents pays qui la composent. Cela sera d'autant plus difficile dans l'Hexagone, qu'il pâtit d'un déficit considérable de **crédibilité**, comme les « affaires » Montebourg-Mittal et Depardieu-Ayrault l'ont dernièrement démontré. À ce rythme, à l'instar de Valéry Giscard d'Estaing laissant son fauteuil vide après sa défaite en 1981, nous pourrons bientôt dire « **au revoir** » à l'UEM.

Françaises, Français, arrêtons donc de **faire l'autruche**. Il est grand temps d'inverser la tendance pour que la crise de la dette publique ne devienne pas le **Waterloo** de notre économie. Pour ce faire, il ne nous reste plus qu'une solution : abandonner le « **Zzz** », et développer notre culture économique.

Mais attention, cette pédagogie ne doit pas se résumer aux plans **marketing** et au « **yakisme** » de nos différents gouvernements depuis trente ans. Elle doit au contraire nous responsabiliser et nous faire comprendre que c'est en retroussant nos manches que nous sortirons par le haut de cette crise historique.

Tel est le but principal de ce livre écrit pour tous, en toute indépendance et sans langue de bois. Ce dictionnaire terrifiant de la dette n'est donc pas là pour faire **peur**, mais au contraire pour aider à prendre conscience des dangers qui nous menacent afin de mieux les dépasser. Aux armes citoyens ! Il faut sauver la France…

# A

## AAA

Dire qu'il y a cinq ans, le sigle AAA était quasiment inconnu du grand public ! Certains le confondaient même avec les AAAAA de l'andouillette ! Avec la crise des *subprimes*, puis celle des dettes publiques, ce fameux graal est passé dans le langage courant, devenant un véritable sujet de conversation dans tous les cafés du commerce dignes de ce nom. Mais, au-delà des effets de manche et de sa présence sur de nombreuses cartes de vœux (Amour, Argent, Audace...), les enjeux du triple A ne sont pas forcément bien saisis. Certes, tout le monde sait plus ou moins que cette note appliquée à une dette signifie que cette dernière est considérée comme sans risque. En revanche, on sait moins que la perte du triple A pour des notes bien moins bonnes peut être lourde de conséquences à moyen terme. Si la France n'en est pas encore là, son exemple doit être suivi de près. En effet, presque dix mois après Standard and Poor's, Moody's, l'autre grande agence de notation, a dégradé la note de la dette publique française le 18 novembre 2012. Cette dernière a donc perdu, une nouvelle fois, son fameux AAA. Il ne manque donc plus que la dégradation de l'agence européenne Fitch (qui, comme souvent, sera très en retard) pour que la coupe soit pleine.

Pour autant, il n'y a pas de quoi dramatiser. Du moins pour le moment. En effet, comme en janvier 2012, la note de la dette de la France n'a été abaissée que d'un seul cran. Comparativement aux fortes dégradations des dettes de l'Italie (Baa2), de l'Espagne (Baa3), du Portugal (Ba3) et bien sûr de la Grèce (C), celle de la France reste donc toujours très appréciable. Dans ce cadre, elle continue de bénéficier des faveurs des investisseurs, via ce que l'on appelle le « *flight to quality* » (envol vers la qualité). Ainsi, sans véritable surprise, le taux d'intérêt à dix ans des obligations du Trésor français n'a augmenté que modérément à la suite de la dégradation de Moody's, et a même repris le chemin de la baisse en décembre, passant sous les 2 %, soit un niveau historiquement bas. Nous sommes donc toujours très loin des 4,7 % italiens, des 5,9 % espagnols, des 8,8 % portugais et des 18,8 % grecs qui prévalaient en novembre 2012.

Mais les bonnes nouvelles s'arrêtent là. Car s'il est toujours très pratique de regarder les moins forts que soi, le comparatif avec ceux qui sont au-dessus est plus douloureux. Ainsi, la France ne fait désormais plus partie du club très fermé des États qui détiennent encore le label du triple A auprès des trois grandes agences de notation. Il n'y en a finalement que douze au monde, dont neuf en Europe. Parmi eux, sept se distinguent par une perspective « stable » aussi bien chez Moody's, Fitch que Standard and Poor's

(S&P) : la Suède, la Norvège, le Danemark, la Suisse, l'Australie, le Canada et Singapour. Les cinq autres, les Pays-Bas, l'Allemagne, le Luxembourg, le Royaume-Uni et la Finlande, voient leur note assortie d'une perspective « négative » par au moins une des trois agences. Quant aux États-Unis et à l'Autriche, qui ont aussi perdu leur triple A au cours des derniers trimestres, ils ont néanmoins conservé la note suprême auprès de Moody's et Fitch. Confirmant ces différences, l'écart de taux d'intérêt des obligations à dix ans de ces pays avec celui de la France reste sensible.

Plus globalement, il faut bien comprendre que l'actuelle faiblesse des taux à dix ans français s'apparente clairement à une bulle obligataire. En effet, compte tenu des déficits publics actuels et à venir, qui resteront bien supérieurs à 3 % du PIB, il n'y a aucune raison objective pour que les taux longs français soient si bas. Cette faiblesse correspond simplement à un excès d'épargne collectée par les banques et mal réinvesti. Ainsi, astreintes à des ratios prudentiels de plus en plus prohibitifs, ces dernières n'utilisent pas leurs dépôts pour augmenter les crédits au secteur privé, mais pour investir massivement sur de la dette à priori non risquée, en l'occurrence sur des obligations d'État. Nous sommes face à ce que l'on appelle un « effet d'éviction », où les financements de la consommation et des investissements privés sont évincés par celui de la dépense publique. Si cette dernière générait une croissance forte, cela pourrait encore être acceptable, mais cela est malheureusement loin d'être le cas, en dépit des efforts marketing du président et du gouvernement français pour essayer de faire croire le contraire.

La dégradation de la note de la France, moins d'une semaine après l'annonce par le gouvernement Ayrault de mesures soi-disant révolutionnaires pour relancer l'économie française, montre d'ailleurs que ces dernières ne sont pas crédibles. Et pour cause : si

Moody's voulait simplement sanctionner la gestion du passé, elle aurait maintenu une perspective stable sur la note de la France. Or, elle a accompagné sa dégradation d'une perspective négative. Cela signifie donc non seulement que les mesures annoncées ne sont pas prises au sérieux, mais aussi qu'une nouvelle dégradation pourra intervenir à tout moment dans les prochains mois.

Ce nouvel abaissement de la note de la France deviendra inévitable courant 2013, lorsque le retour en récession de la France sera confirmé. La nouvelle est passée inaperçue l'an passé, mais après vérification et compte tenu des modifications statistiques opérées par l'INSEE sur les comptes nationaux des deux premiers trimestres 2012, il faut savoir qu'au cours de chacun de ces derniers, le PIB français a reculé. Ses évolutions précises sont respectivement de −0,03 % et −0,06 %. À force de jouer au chat et à la souris avec les chiffres, la France a donc bien connu deux trimestres consécutifs de baisse de son PIB et est donc bien entrée officiellement en récession au premier semestre 2012.

Malheureusement, ce n'est qu'un début. Car, après l'augmentation surprenante de 0,2 % du PIB au troisième trimestre (qui a finalement été révisée à 0,1 % en deuxième estimation, et qui appelle d'ailleurs d'autres corrections), il devrait baisser d'au moins 0,3 % au quatrième trimestre. Cela se traduira par une variation annuelle moyenne de 0 % en 2012. Pis, cela engendrera un acquis de croissance négatif pour 2013, année au cours de laquelle le PIB français ne devrait pas progresser de 0,8 % comme annoncé par le gouvernement, mais reculer de 0,3 %.

Conséquences logiques de ces déconvenues, le déficit public français était d'au moins 4,6 % du PIB en 2012 et sera d'environ 4 % cette année. Quant à la dette, elle devrait atteindre la barre psychologique des 100 % du PIB en 2013. Dans ce cadre, la note de la dette publique française perdra au moins deux crans d'ici la fin de l'été et les taux longs se tendront au-delà des 4 %. Autrement dit, acheter aujourd'hui des bons du Trésor français à dix ans avec un taux de rendement d'environ 2 % relève de la gageure et devient même particulièrement dangereux.

## Actif net

Le décalage entre la relative faiblesse des taux d'intérêt des obligations de l'État français et la réalité économique de l'Hexagone est d'autant plus flagrant lorsque l'on sait que le pays est dans une situation proche de la faillite. Ce risque n'est d'ailleurs pas nouveau. Dès sa nomination à Matignon en mai 2007, François Fillon n'avait ainsi pas hésité à se déclarer « *Premier ministre d'un État en faillite* ». La chose déplut fort à Nicolas Sarkozy, qui ramena vite son numéro deux à la raison d'État, c'est-à-dire à la dissimulation de la vérité. « *Il ne faut surtout pas utiliser des messages anxiogènes et pessimistes* », lança en substance le second au premier. M. Fillon s'exécuta, le doigt sur la couture du pantalon.

Pourtant, le 27 janvier dernier, en essayant soi-disant d'ironiser sur cette déclaration de l'ancien Premier ministre, l'actuel ministre de l'Emploi, Michel Sapin, a enfoncé le clou. Ce dernier a même été plus loin puisqu'il n'a pas hésité à déclarer que la France était « *un État totalement en faillite* ». En dépit de multiples efforts de rétropédalage peu convaincants, le mal est fait.

D'où une question simple : pourquoi M. Fillon avait-il lancé une telle « ânerie » ? Tout simplement parce que ses conseillers lui avaient ouvert les yeux sur l'actif net de l'État français. Cette notion est assez simple : elle représente l'actif de la puissance publique française duquel on soustrait sa dette. D'un point de vue comptable, si un agent économique a une dette supérieure à ses actifs, cela signifie que son actif net est négatif, et qu'il est alors en situation d'insolvabilité. En d'autres termes, même s'il vend tous ses actifs, il ne peut pas rembourser toutes ses dettes. À moins de trouver un financier extérieur, également appelé « chevalier blanc », il sera bientôt mis en faillite.

À cela, certains objectent que, si cette situation peut entièrement se comprendre pour une entreprise, elle ne semble pas devoir s'appliquer à un État. En effet, un État dispose généralement d'un horizon très long et n'aura pas à rembourser sa dette en une seule fois, sauf en situation de guerre. Pour autant, lorsque son actif net est négatif cela signifie qu'un État ne dispose plus de marge de manœuvre pour augmenter sa dette, et doit donc inverser rapidement la tendance.

Or, c'est exactement ce qu'on observe pour l'État français depuis bientôt dix ans. Les données de l'INSEE sont imparables. En 2011 (derniers chiffres officiels disponibles), le total des actifs de l'État français atteignait 693 milliards d'euros, alors que son passif était de 1 585,7 milliards d'euros (dont 1 417 milliards de titres de dettes). Cela signifie donc que l'actif net de l'État était de –892,7 milliards d'euros. En 2012 et 2013, compte tenu de la faible variation de la valeur des actifs mais de l'augmentation notable de la dette, l'actif net devrait avoisiner respectivement –900 puis –1 000 milliards d'euros.

Certes, si l'on observe le compte de patrimoine de toutes les administrations publiques (c'est-à-dire État + collectivités locales et sociales), la situation est moins catastrophique. Ainsi, en 2011, toujours selon la méthode de valorisation des actifs de l'INSEE, le total des actifs était de 2 680 milliards d'euros, contre un total des passifs de 2 177,8 milliards d'euros. Leur actif net serait ainsi de 507,2 milliards d'euros. Il faut néanmoins rappeler que ce dernier était encore de 884 milliards d'euros en 2007. Au rythme de l'augmentation de la dette publique, il est à peu près certain que cet actif net deviendra négatif d'ici 2014. Autrement dit, même en vendant tous leurs actifs, les administrations publiques au sens large ne pourront pas combler leur endettement.

Bien sûr, en dépit de cette cinglante réalité, il est encore possible de souligner que le principal actif de l'État français n'est pas mesurable, puisqu'il s'agit de sa capacité à lever l'impôt. Il est vrai que la France peut encore s'appuyer sur d'importantes recettes fiscales, notamment liées aux performances de ses entreprises et à une richesse patrimoniale conséquente. Ces deux « vaches à lait » permettent donc à l'État de ponctionner encore et encore, du moins jusqu'à épuisement, ce qui risque de se produire dans quelques trimestres.

Dès lors, la négativité de son actif net sera mise en exergue. L'État perdra encore en crédibilité et verra les taux d'intérêt de ses emprunts flamber, ce qui ne manquera pas de casser l'investissement, la croissance et l'emploi.

## Agences de notation

Chargées de noter les dettes des États et des entreprises, mais aussi certains produits financiers, les agences de notation sont devenues la risée de la planète économico-financière. En effet, elles ont été incapables d'alerter les investisseurs sur la dangerosité de certains produits élaborés à base de dette *subprime,* et qu'elles n'hésitaient pas à noter AAA. De même, elles n'ont pas su, et ne savent toujours pas, discerner entre les États méritants et ceux qui refusent de faire des réformes. Compte tenu de ces différences, il est par exemple injuste de noter la dette de la France AA1 alors que celle de l'Italie est Baa2. Et pour cause : l'Italie dispose d'un excédent primaire (c'est-à-dire qu'en dehors du paiement des intérêts de la dette, le budget italien est en excédent), et a su réduire le poids de ses dépenses publiques dans son PIB. À l'inverse, la France affiche un déficit primaire structurel d'environ 3 % du PIB et n'a cessé d'augmenter son ratio dépenses publiques/PIB, qui est passé de 52,6 % en 2007 à 56,3 % depuis 2012 (sachez-le : ce dernier chiffre sera forcément répété plusieurs fois dans ce dictionnaire, car il est l'une des clés principales de sortie ou non de la crise de la dette publique).

Un jour, les agences de notation rectifieront le tir, mais il sera certainement trop tard. En fait, elles sont un peu comme la cavalerie dans les westerns américains, elles arrivent toujours après la bataille. Elles sont donc loin d'être des modèles de transparence et d'efficacité.

## Agence France Trésor (AFT)

Il s'agit de l'agence gouvernementale rattachée au ministère de l'Économie, chargée de financer et de gérer la dette publique française. Avec l'aide de certaines banques « amies » triées sur le volet (que l'on appelle SVT : Spécialistes en Valeurs du Trésor), l'AFT s'attelle donc à émettre des obligations d'État et à les faire acheter par les investisseurs à travers le monde.

Du fait de l'envolée de la dette publique française, cette tâche est devenue de plus en plus difficile. D'autant que, actuellement, plus de 65 % de la dette publique nationale est détenue par des investisseurs étrangers, par définition très difficiles et très versatiles.

Pour réduire le coût de financement de l'État, l'AFT peut aussi se livrer à des acrobaties financières, substituant de la dette de long terme (plus chère) à de la dette à plus courte échéance (normalement moins chère). Seulement voilà, l'AFT ne peut qu'arranger la situation une fois que les dégâts sont là. Autrement dit, si la dette publique augmente encore, que sa note est fortement dégradée, elle ne pourra faire des miracles et devra se plier à l'augmentation des taux d'intérêt. Car, plus une dette est risquée, plus son taux d'intérêt est élevé. Aussi, en dépit de la meilleure volonté du monde, d'une forte technicité et de la débauche de moyens commerciaux de la part des banques SVT, si la dette publique française franchit, comme nous le prévoyons, la barre des 100 % du PIB en 2013, les taux des obligations du Trésor flamberont, et l'AFT ne pourra qu'essuyer les plâtres.

## Allemagne

C'est une question qui taraude certainement beaucoup de Français et d'Européens : pourquoi l'Allemagne résiste-t-elle aussi bien face à la crise ? La réponse est (malheureusement pour nous Français) simple et tient en un mot : son courage. Car, ne nous y trompons pas, l'Allemagne a aussi connu de nombreuses crises et de grandes difficultés qui ont eu des conséquences bien douloureuses. Ainsi, après avoir mis dix ans à tenter de digérer la réunification avec l'ex-Allemagne de l'Est (la digestion n'est d'ailleurs toujours pas terminée), l'économie allemande a dû faire face à une récession dramatique de 2001 à 2003. Après avoir essuyé de lourdes pertes lors de l'explosion de la bulle immobilière des années 1990, les banques allemandes ont aussi dû affronter les conséquences négatives du dégonflement de la bulle Internet et du ralentissement international. Habituellement prêtes à soutenir coûte que coûte les entreprises, qui étaient d'ailleurs plus des partenaires que des clients (c'est ce que l'on appelait le modèle rhénan, ou encore la banque-industrie), les banques germaniques n'avaient plus les ressources suffisantes pour continuer de le faire. Elles ont donc dû les abandonner, engendrant une vague de faillites sans précédent. En 2003, on recensait ainsi outre-Rhin près d'une faillite d'entreprise tous les quarts d'heure.

Pour ne rien arranger, la population allemande commençait à ralentir pour bientôt se réduire. Or, qui dit baisse de la population, dit baisse de la croissance structurelle d'un pays, donc augmentation de ses déficits et de sa dette.

Au début des années 2000, dans ce contexte bien peu porteur, l'Allemagne semblait donc condamnée au déclin. C'est alors qu'un homme providentiel apparut. Chancelier de centre-gauche, Gerhard Schröder, qui était pourtant perçu initialement comme un « mou » (toute ressemblance avec un président français ne serait que pure coïncidence...), a ainsi engagé des réformes courageuses et douloureuses. Citons-en quelques-unes : baisse des dépenses publiques, fluidification du marché du travail, mais aussi baisse de l'impôt sur les sociétés (de 35 % à 20 %), réduction du coût et des charges qui pèsent sur la main-d'œuvre...

Du fond du gouffre, l'Allemagne est alors sortie grandie de cette crise. Mais attention, les pouvoirs publics ne sont pas les seuls à avoir fait preuve de courage. Les entreprises, les syndicats et les salariés allemands ont aussi apporté leur pierre à l'édifice du sauvetage du « *Made in Germany* ». L'exemple de Volkswagen paraît tout à fait édifiant. Souvenons-nous, en 2002-2003, ce fleuron de l'automobile allemande est au bord de la faillite. La direction de l'entreprise réunit alors les responsables du personnel et les syndicats, dont le puissant IG Metall. « L'heure est grave », leur dit en substance la direction. « Nous vous donnons le choix suivant : soit vous acceptez un gel des salaires pendant sept ans et nous maintenons la production et l'emploi en Allemagne, soit vous refusez et nous serons obligés de délocaliser une grande partie de la production, avec fermeture d'usines et destructions d'emplois à la clé. » Presque sans hésitation, les syndicats allemands ont répondu unanimement : « nous comprenons la gravité de la situation et, pour sauver l'emploi, nous acceptons le gel des salaires pendant sept ans ».

Mais l'histoire ne s'arrête pas là. Car, lorsqu'au bout de cinq ans, Volkswagen est redevenue profitable, la direction de l'entreprise aurait pu continuer à geler les salaires pour encore deux ans (comme les accords avec les syndicats le lui permettaient). Pourtant, elle a décidé de les augmenter d'environ 10 % en moyenne dès la cinquième année. Une belle leçon de courage, d'honnêteté et de transparence dont devraient bien s'inspirer les partenaires sociaux français.

Plus que des réformes, évidemment indispensables, l'Allemagne bénéfice donc d'une population responsable, dotée d'une culture économique développée et d'un sens du sacrifice peu commun en Europe.

D'ailleurs, lorsque la récession revient outre-Rhin en 2009 (avec une baisse du PIB de 5,1 %), les avantages d'hier (marché du travail flexible, industrie fortement exportatrice) auraient pu se transformer en handicaps. Mais il n'en a rien été. Grâce aux efforts de modernisation engagés dans les années 2000, la croissance est revenue rapidement et fortement. Mieux, alors que tous les autres pays de la zone euro ont replongé dans la récession ou dans la stagnation en 2011-2012, l'Allemagne n'a pas quitté le chemin de la croissance. Depuis le début de la crise, et à l'exception de l'année 2009, l'Allemagne est le seul pays de la zone euro, avec le Luxembourg, à avoir généré en permanence une croissance économique suffisamment forte pour rembourser les intérêts de sa dette publique.

Forts de leurs succès, les dirigeants allemands ne cessent ainsi de donner des leçons à leurs partenaires et n'hésitent plus à s'interroger officiellement sur la place de l'Allemagne dans l'UEM. Pis, ces questions et ces inquiétudes ne sont pas le simple fait des dirigeants politiques, mais elles s'imposent de plus en plus au sein de la population.

Certes, les Allemands oublient un peu trop vite que la zone euro a aussi été une chance pour eux. En effet, elle leur a permis de figer leur monnaie vis-à-vis de celle de leurs principaux partenaires européens, évitant par là même de pâtir d'un taux de change trop élevé. En d'autres termes, il est clair que si l'euro n'existait pas, le Deutsche Mark se serait fortement apprécié face aux autres devises européennes, pénalisant les exportations et favorisant les importations. À l'inverse, l'Allemagne a aujourd'hui la chance de disposer d'un marché colossal et presque captif, avec un taux de change favorable.

Si cet argument est imparable et montre que l'Allemagne n'aurait pas forcément intérêt à sortir de la zone euro, il doit néanmoins être relativisé. En effet, ce qui permet aux entreprises allemandes d'exporter réside principalement dans la qualité et la technicité de leurs produits. Ainsi, avec un Deutsche Mark fort, elles auraient tout de même pu continuer à exporter fortement. En outre, n'oublions pas qu'à l'inverse de la majorité de ses partenaires européens, l'Allemagne a su diversifier la destination de ses exportations et miser très vite sur les pays émergents en forte croissance. C'est d'ailleurs la principale raison pour laquelle les exportations allemandes restent dynamiques en dépit d'un euro fort.

Mais, au-delà de ces bons choix stratégiques (tant d'un point de vue sectoriel que géographique), les entreprises d'outre-Rhin bénéficient également d'une forte modernisation de leur économie. Et ce, tant en matière de compétitivité du secteur privé que d'efficacité des dépenses publiques, qui, après avoir avoisiné les 50 % du PIB il y a moins de dix ans, n'en représentent plus que 45 % aujourd'hui. En dépit de cette baisse, la croissance économique est restée appréciable et le taux de chômage n'a cessé de reculer. Bien loin de ces résultats, les dépenses publiques de la France ont fortement augmenté, mais la croissance et l'emploi se sont dangereusement dégradés.

Et c'est sur ce point précis que les Allemands ont de quoi taper du poing sur la table. En effet, après avoir, eux aussi mais avant tout le monde, sombré dans une crise dramatique en 2001-2003, ils ont réussi à prendre le taureau par les cornes et à rompre avec l'atonie économique. Cela a pris dix ans mais, désormais, ils ont retrouvé le leadership de la croissance de la zone euro. Ayant relégué leurs complexes aux oubliettes, les Allemands souhaitent désormais en faire de même sur le terrain politique et imposer leur vision du monde à l'ensemble de l'UEM.

Confirmant ce renouveau, le ministre des Finances Wolfgang Schäuble répète à l'envi un message clair et cinglant à ses partenaires : « *Faites donc comme nous !* »

C'est bien là que le bât blesse. Car, si depuis l'après-guerre, les Allemands ont constamment avalé des couleuvres et volé au secours de leurs partenaires européens, aujourd'hui, ils ne semblent plus disposés à le faire aussi facilement. Ou du moins à une condition : que les pays eurolandais engagent les mêmes réformes qu'ils ont réussi à mener depuis dix ans. Sinon, à l'image de son comportement à l'égard de la Grèce depuis la fin 2009, l'Allemagne exercera son pouvoir de dire « *Nein !* »

À la rigueur, tant que l'intransigeance allemande s'impose aux « petits pays », la zone euro n'est que faiblement menacée. En revanche, si les dissensions commencent à se développer entre l'Allemagne d'un côté, l'Italie et/ou la France de l'autre, l'issue risque d'être beaucoup moins favorable. C'est en cela que les prochaines décisions économico-politiques italiennes et françaises seront déterminantes. Si les dirigeants de ces deux pays réussissent à mener des réformes proches de celles engagées outre-Rhin, la zone euro sera définitivement sauvée. En revanche, si un mouvement inverse est décidé, il est clair que la grogne allemande ira crescendo.

Dans ce cadre, à force d'avoir répété « *faites comme nous* », sans être suivie, l'Allemagne pourrait tout simplement se retirer de la zone euro et revenir à sa proposition initiale d'une UEM limitée à des pays économiquement et socialement proches (en l'occurrence les Pays-Bas, l'Autriche, la Belgique et le Luxembourg). Une crise sans précédent s'imposerait alors aux autres pays européens. Certes, ces derniers bénéficieraient d'une devise plus faible et d'une inflation plus forte, voire d'une dette publique renégociée à la baisse. Cependant, la question reste de savoir si leur perte de crédibilité ainsi engagée pourrait être rapidement surmontée. Car si l'on sait quand une révolution commence, on sait rarement quand et, surtout, comment elle se termine…

Plus que jamais, l'Allemagne a donc bien les cartes du jeu européen entre ses mains. Espérons simplement que ses partenaires en seront conscients et sauront faire les bons choix dans les prochains mois.

## ARGENTINE

Il s'agit certainement de la crise de la dette la plus connue et la plus dévastatrice. Du moins avant que ne survienne sa sœur cadette, en l'occurrence celle de la Grèce. La crise argentine est un cas d'école dramatique qui montre exactement ce qu'il ne faut pas faire. En effet, de 1992 à 1997, l'Argentine était considérée comme un modèle presque parfait qui avait notamment réussi à mettre fin à l'hyperinflation des années 1980. Pour y parvenir, le pays du tango s'était mis « sous la protection » du FMI et de la théorie monétariste, le premier n'étant que le bras armé de la seconde.

Ainsi, l'Argentine avait tout simplement décidé d'ancrer sa devise à une autre, et non des moindres, puisqu'il s'agissait du dollar américain. Faisant fi des écarts de niveaux de vie et de structures économiques, le gouvernement argentin choisit donc de se doter d'une devise surévaluée au taux aussi symbolique qu'illusoire de 1 peso = 1 dollar. Corollaire de ce choix, l'Argentine s'engagea dans une politique monétaire et budgétaire très restrictive. L'idée était alors de rassurer les investisseurs internationaux pour qu'ils financent le développement de l'Argentine et notamment sa dette publique. C'est exactement ce qu'ils firent.

En quelques trimestres, l'inflation argentine passa de plus de 1 000 % à 2 %. Un cercle vertueux (qui se révéla finalement être une bulle quelques années plus tard) se mit en place : plus l'inflation baissait, plus les investisseurs internationaux abondaient vers l'Argentine, plus la croissance augmentait et plus le chômage diminuait.

Seulement voilà, toutes les bonnes choses ont une fin, surtout si elles sont construites sur du sable. Avec le déclenchement de la crise asiatique fin 1997, la grande majorité des pays émergents de la planète tombent en récession. Face à un tel marasme, tous s'engagent alors, de gré ou de force, dans une vague de dépréciation de leur devise. Tous sauf un : l'Argentine. Pour respecter ses engagements et ne pas décevoir les investisseurs internationaux, cette dernière est effectivement contrainte de maintenir la parité 1 peso pour 1 dollar. Dans ce but, la Banque centrale argentine est obligée d'augmenter fortement ses taux directeurs. Dans le même temps, le FMI impose au gouvernement argentin de réduire son déficit public, et d'engager une politique budgétaire de rigueur. Subissant déjà les affres de la crise des pays émergents, l'Argentine doit donc faire face à un triple coup de massue : un taux de change surévalué, des taux d'intérêt trop élevés et une rigueur budgétaire insoutenable.

Alchimie inversée, les recettes qui avaient transformé le plomb en or au début des années 1990 deviennent un piège et un poison mortel. À l'instar d'un noyé qui appelle au secours, l'Argentine demande alors au FMI d'assouplir les conditions qu'il lui impose, mais rien n'y fait. Ce dernier durcit même le ton : « *Si vous voulez continuer de recevoir notre aide, vous devez intensifier vos efforts* », lance le directeur du FMI aux dirigeants argentins. Un discours qui ressemble étrangement à celui adressé à la Grèce par la même institution depuis 2009. Comme quoi, les dirigeants du FMI changent, mais les discours doctrinaires perdurent.

Conséquence logique de cette obstination dogmatique, la récession s'aggrave, le chômage flambe et les émeutes commencent à se généraliser. Le 13 décembre 2001, une grève générale s'engage, et se termine les 19 et 20 décembre par une série de manifestations massives, souvent violentes, qui font vingt-huit morts. Les dirigeants du pays sont poussés à la démission et certains ne restent en place que quelques jours. Après moult tractations et sommets de la dernière chance, l'Argentine est finalement contrainte de claquer la porte. Elle annonce qu'elle ne pourra pas rembourser ses créanciers et décide, le 11 février 2002, de laisser flotter le peso qui s'effondre à plus de 3,5 pesos pour un dollar en quelques jours. Les investissements internationaux se tarissent, mais grâce à la dévaluation, la croissance reviendra progressivement.

Pour autant, le mal est fait et la crise s'installera pour des années. Elle n'est d'ailleurs toujours pas terminée. L'Argentine aura ainsi perdu plus de sept ans puisque son PIB ne retrouvera son niveau de 1998 qu'en 2005. Ce genre d'erreurs de politique économique est dramatique et rappelle que, en économie, toute rigidité génère, par nature, de l'inefficacité.

La crise argentine montre également qu'il ne sert à rien de s'obstiner à maintenir une rigueur budgétaire excessive et un taux de change déconnecté de la réalité. La dépréciation devient alors le seul moyen pour sortir de la spirale destructrice. Seulement voilà, plus ce choix est tardif, plus la crise est dévastatrice et plus les séquelles sont nombreuses et durables.

D'ailleurs, encore aujourd'hui, alors que le voisin brésilien est devenu le modèle économique de l'Amérique latine, l'Argentine reste empêtrée dans une croissance structurellement molle, un chômage élevé et une insécurité sociétale tenace. Dès la fin 2012, l'Argentine a même commencé à préparer l'opinion internationale à un possible non-remboursement partiel de sa dette publique. Comme quoi, la maladie de la dette a la vie longue.

## Au revoir

La scène est mémorable : au lendemain de sa défaite du 10 mai 1981, Valéry Giscard d'Estaing, presque les larmes aux yeux, termine son allocution télévisée par un laconique « *Au revoir* », laissant une chaise vide devant les caméras. Si l'on en rit aujourd'hui, nous serons peut-être bientôt contraints d'en faire autant avec la zone euro. Certes, régulièrement, cette dernière est annoncée comme sauvée, mais c'est, tout aussi régulièrement, pour mieux replonger dans la crise.

Ce fut par exemple le cas lors de la campagne électorale française de 2012. Nicolas Sarkozy claironnait que la crise était finie. Il n'était évidemment pas le seul. Dans leur grande majorité, les observateurs économiques en faisaient autant. Quant à François Hollande, trop content de pouvoir espérer un retour rapide de la croissance pour financer son programme, il joignait sa voix à ce consensus erroné. Malheureusement, la crise était non seulement loin d'être terminée, mais elle a surtout gagné en intensité au cours des mois qui ont suivi. Et pour cause : après la Grèce et le Portugal, c'était au tour de l'Espagne de sombrer dans la spirale infernale. Le scénario est malheureusement toujours le même : récession, augmentation des déficits et de la dette, forte hausse des taux d'intérêt, qui aggrave encore l'atonie économique, plan de rigueur qui ne résout rien et alimente la récession, crise bancaire, mouvement de défiance, puis nouvelle remontée des taux d'intérêt, et ainsi de suite...

Généralement, l'être humain réussit à tirer les leçons de ses erreurs pour ne pas les réitérer. Mais, dans le cas eurolandais, il n'en est rien. Ainsi, après avoir laissé la crise grecque dégénérer et mis trois ans à comprendre qu'elle reflétait un malaise bien plus grave qui concernait toute la zone euro, les dirigeants eurolandais ont fait exactement la même erreur avec le Portugal et puis avec l'Espagne. Le problème est que, si la Grèce ne représente qu'environ 2 % du PIB eurolandais, la part de l'Espagne atteint près de 12 %.

Autrement dit, une répétition de la crise grecque à la sauce espagnole causera forcément l'effondrement de la zone euro. Sans vouloir jouer les rabat-joie, j'estime qu'en dépit des différents plans de sauvetage qui ont été engagés, la probabilité d'explosion de l'UEM est toujours d'environ 40 %.

Plus le temps passe, plus cette probabilité augmente. Le drame est qu'en dépit de ce cauchemar, les dirigeants eurolandais restent cois. En effet, ni M. Hollande, ni M$^{me}$ Merkel, ni même M. Draghi (qui ne manque pourtant pas de bonne volonté) n'ont réussi à apporter une réponse crédible à la crise espagnole et, plus globalement, à celle de la zone euro. Pis, dans l'Hexagone, le président et le gouvernement s'obstinent à vouloir engager une nouvelle augmentation des dépenses publiques. Ils déclarent même qu'ils réussiront forcément à trouver les moyens de financer cette nouvelle gabegie. La part des dépenses et des impôts dans le PIB est déjà historiquement élevée. Jusqu'où allons-nous monter ? En tant qu'« hommes normaux », MM. Hollande et Ayrault devraient pourtant savoir que les arbres ne montent pas au ciel, surtout lorsque leurs racines sont fragiles.

Et quand bien même les impôts seront augmentés, cette aggravation de la pression fiscale ne fera que freiner davantage la marche des affaires, d'où une nouvelle hausse du chômage, du déficit public, puis de la dette. Après la sauce grecque, puis espagnole, la crise connaîtra alors sa variante française. Et, comme nous sommes les champions du monde de la gastronomie, il y a fort à parier qu'elle ira « bien » plus loin que ses versions précédentes. Que fera alors le gouvernement ? Déclarera-t-il la guerre à la finance française ? Les jours de cette dernière sont-ils comptés ? M. Hollande a été très clair : son grand ennemi, c'est le monde de la finance. Aussi, devant une telle détermination, je dois vous annoncer que j'ai décidé de quitter cet univers impitoyable et destructeur pour prendre ma retraite à… Nassau, aux Bahamas (c'est quand même plus sympa que Namur ou la Mordovie). Rassurez-vous, il s'agit évidemment d'une blague. Du moins, pour le moment…

## Ayrault

En tant que président « normal », François Hollande ne pouvait faire autrement que de nommer un Premier ministre « normal ». Malheureusement, la crise, ou plutôt les crises que vont devoir gérer ces deux personnes normales sont loin de l'être.

Comme cela a été le cas dans l'affaire Depardieu, M. Ayrault a montré qu'il penchait parfois du côté Mélenchon de la force socialiste. Il faut donc espérer que, rapidement, l'ancien maire de Nantes saura gagner en crédibilité et engager les réformes de fond dont la France a besoin, notamment en termes de réduction des dépenses de fonctionnement et des déficits publics. À moins qu'il ne soit qu'un fusible, destiné à protéger le président Hollande. Car, lorsque ce dernier devra reconnaître que sa promesse de baisse du taux de chômage à partir de l'automne 2013 n'a pas été tenue, il faudra bien que quelqu'un paie.

La question sera alors de savoir si cela marquera un virage à gauche, avec une nette dégradation de la note de la France et une forte augmentation des taux d'intérêt à la clé, donc une aggravation de la récession, des déficits et de la dette. Pour éviter d'en arriver là, il serait donc plus opportun que M. Ayrault raisonne son patron, de manière à opérer un virage à 180° et à éviter de justesse l'effondrement économique et social de la France. Les crises se terminent souvent comme cela : c'est au moment où tout semble perdu que la solution émerge de l'obscurité et que le prince charmant sauve la princesse en détresse. Nous aurions alors le privilège de vivre un véritable conte de (P)Ayrault, ou encore une histoire de super-Ayrault.

# B

## BCE

La Banque centrale européenne (BCE) est la seule institution supranationale de la zone euro à disposer d'un réel pouvoir. À ce titre, et en l'absence de politique budgétaire fédérale, elle constitue le seul bras armé de l'Union économique et monétaire (UEM). Pour faire face à une crise aussi grave que celle que nous traversons depuis 2008, c'est donc un peu court. Et ce, d'autant que, depuis sa création (en 1999) jusqu'à l'arrivée de Mario Draghi à sa tête (à l'automne 2011), la BCE a été dominée par une stratégie autant dogmatique que dramatique, que l'on appelle le monétarisme orthodoxe. Pour faire simple, celle-ci n'a cessé de lutter contre une inflation invisible, sacrifiant la croissance économique. Or, sans croissance, plus de chômage, plus de déficit et plus de dette. Au fur et à mesure de ses erreurs, la BCE est donc devenue, au choix, la Banque contre l'économie, la Banque cynique européenne ou encore la Banqueroute de la communauté européenne.

Certes, comme nous le verrons dans la partie qui lui est consacrée, le nouveau patron de la BCE a fait du bon boulot, sauvant déjà à deux reprises la zone euro de l'explosion. Malheureusement, chassez le naturel et il revient au galop. Autrement dit, la BCE dirigée par M. Draghi est toujours loin de l'optimalité. Tout d'abord, n'oublions pas que « Super Mario », comme on aime à le surnommer sur les marchés, est également un produit de l'establishment européen et a aussi été élevé à la table de l'école de Chicago et du monétarisme. De plus, comme ses prédécesseurs, il reste hanté par la crainte du manque de crédibilité, et risque à tout moment d'être tenté d'en faire trop pour apparaître plus « allemand » que les Allemands. Enfin, n'oublions pas que la BCE ne fait que refléter les difficultés intrinsèques du fonctionnement de la zone euro, à savoir l'absence d'harmonisation et de coordination entre les différents pays qui la composent. En d'autres termes, tant que ses statuts ne seront pas améliorés vers une meilleure prise en compte de la croissance et la possibilité de financer en direct les États en difficulté, la BCE ne fera que gagner du temps.

## Banques

Elles constituent par nature le centre nerveux du système économique. En effet, en temps normal, c'est principalement grâce à leur financement que les entreprises, les ménages, mais aussi les États peuvent investir et consommer. Pour assurer le financement de l'économie, les banques doivent se livrer au métier de la transformation, c'est-à-dire transformer des dépôts à court terme en crédits à moyen et long terme. Le risque est évidemment de vouloir octroyer trop de crédits par rapport à leurs moyens. Dès lors, la tentation est grande de prendre un excès de risques, notamment sur les marchés financiers. C'est généralement par ce biais que les crises financières s'installent : les banques et/ou les institutions financières ont pris trop de risques et n'arrivent pas à récupérer leur mise.

La crise des *subprimes*, la faillite de Lehman Brothers et la catastrophe économico-financière qui a suivi constituent le summum de ces dérapages bancaires. Pire, cinq ans après le début de ces drames, le monde bancaire demeure encore extrêmement fragile, y compris dans l'Hexagone. La faillite de la banque franco-belge Dexia, fin 2011, et celle du Crédit Immobilier de France en 2012 ne font que le confirmer. De là à imaginer qu'une nouvelle crise bancaire internationale est imminente, il n'y a qu'un pas que beaucoup franchissent allègrement. Selon ces derniers, cette nouvelle crise serait même pire qu'en 2008. En trois mots : « tous aux abris ! » Cette inquiétude se répand d'autant plus massivement que les dirigeants politiques européens affichent une volonté tenace de recapitaliser leurs banques. Alors, une nouvelle catastrophe financière dans les prochains mois : info ou intox ?

Selon votre humble serviteur, ces craintes sont exagérées. Certes, la mort en douceur de Dexia rappelle étrangement l'enterrement de première classe de la banque américaine Bear Stearns au printemps 2008. À l'époque, la reprise de cette dernière par JPMorgan Chase était censée mettre un terme à la crise bancaire qui avait débuté à l'été 2007 avec l'explosion de la bulle des *subprimes*. Malheureusement, il n'en fut rien et les faillites bancaires outre-Atlantique ne faisaient en réalité que commencer. Dès lors, on comprend mieux pourquoi de nombreux investisseurs et prévisionnistes anticipent de nouvelles faillites de banques en Europe.

Cependant, si la comparaison entre Dexia et Bear Stearns est tentante, elle doit s'arrêter là. Tout d'abord, parce que le démantèlement de Dexia n'est finalement que la fin logique de sa quasi-faillite de 2008. Les pouvoirs publics franco-belges lui avaient alors donné une dernière chance, en espérant qu'elle saurait la saisir pour rebondir rapidement. Mais, une fois encore, ses dirigeants n'ont pas été à la hauteur et n'ont pas réussi à rompre avec les erreurs du passé. Pour ne rien arranger, et par peur de prendre trop de risques, cette banque s'est ruée sur les dettes souveraines, notamment celles des pays du sud de l'Europe. Cette stratégie ne faisait d'ailleurs que suivre les recommandations des autorités publiques, tout en ayant pour but de respecter la réglementation en matière de solvabilité. De quoi rappeler que les ingérences gouvernementales et les contraintes réglementaires excessives sont loin d'être des gages de réussite.

Et c'est bien là que réside le paradoxe du système bancaire actuel. En effet, pour éviter de rééditer les excès d'avant 2008, les banques européennes ont décidé de réduire massivement leur exposition au risque. Pour ce faire, elles ont délaissé les crédits aux agents économiques à priori risqués (en particulier les PME innovantes), pour se concentrer sur des dettes apparemment plus sûres, en l'occurrence celle des États européens. Or, compte tenu des dérapages de ces derniers, ces dettes sont rapidement devenues beaucoup plus dangereuses qu'elles n'y paraissaient.

Dès lors, pour avoir voulu respecter du mieux possible les ratios de solvabilité (qui imposent aux banques de limiter leurs engagements en fonction de leurs fonds propres), les institutions bancaires se retrouvent aujourd'hui prises à leur propre piège. Dans ce contexte, deux scénarios extrêmes se dessinent. Première solution : la zone euro lâche la Grèce et finira à moyen terme par exploser. Si tel est le cas, plus besoin de se cacher derrière son petit doigt et de chercher des euphémismes : une crise systémique sans précédent se produira en Europe et à l'échelle de la planète. Deuxième solution : les dirigeants de la zone euro s'engagent sur son caractère inaliénable, avec la Grèce et *tutti quanti*. À ce moment-là, les banques n'ont aucune crainte à avoir sur leur avenir et leurs cours boursiers vont flamber. C'est d'ailleurs ce qui a déjà commencé en 2012, avec une augmentation assez sympathique des cours des actions des trois principales banques françaises : 64,7 % pour la Société Générale, 40,3 % pour BNP Paribas et 39,5 % pour le Crédit Agricole.

Cette reprise est d'autant plus justifiée qu'elle ne fait que corriger (encore très légèrement) la débâcle des années précédentes. D'ailleurs, les fondamentaux de la majorité des banques européennes, et notamment françaises, sont globalement solides. Celles-ci ont effectivement réduit massivement, voire cessé complètement, leurs activités de *prop trading* (c'est-à-dire de spéculation avec leurs fonds propres). Après la douche froide de 2008, elles ont également limité fortement leurs produits complexes, basés sur des modèles mathématiques extrêmement puissants mais qui masquent bien souvent la réalité du risque. Bref, les ingénieurs et mathématiciens sont priés de retourner à leurs équations et surtout de reprendre leurs recherches dans l'industrie qui a tant besoin d'innovations. Enfin, même si elles s'en défendent, les banques ont été extrêmement parcimonieuses en matière de crédits à l'économic.

C'est d'ailleurs ce dernier point qui nous paraît le plus inquiétant. En effet, si, comme nous pouvons l'espérer, la zone euro est sauvée, les banques s'en sortiront sans trop d'égratignures, leurs cours boursiers remonteront et elles pourront ainsi éviter de devenir les proies de prédateurs étrangers. Dans le même temps, l'épargne des citoyens sera largement protégée. Il ne sert donc à rien d'aller retirer ses liquidités ou encore d'enterrer des lingots dans son jardin, l'argent des petits épargnants est beaucoup plus en sécurité sur les comptes de la plupart des banques européennes.

En revanche, compte tenu des risques récurrents qui pèsent sur leurs activités, des contraintes réglementaires de plus en plus draconiennes, et de leur volonté de limiter leur prise de risques, les banques eurolandaises vont certainement réduire davantage leur offre de crédits. Dès lors, l'investissement en pâtira, la croissance restera molle et l'emploi moribond. Conséquence logique de ce cercle pernicieux, les déficits publics demeureront élevés, et la dette publique continuera de croître dangereusement. Les notations des dettes souveraines européennes seront donc encore dégradées. Pas de chance : ce sont justement sur ces classes d'actifs que les banques se sont focalisées pour éviter de prendre trop de risques...

Autrement dit, après une accalmie à court terme, les craintes pesant sur la santé des banques reprendront rapidement du poil de la bête. Face à ces dérapages récurrents, il pourrait être tentant de laisser tout simplement les banques faire faillite, de manière à « faire le ménage » une bonne fois pour toutes. Dans ce cas de figure, le monde s'engagera dans une crise historique qui se terminera forcément par un ou plusieurs conflits militaires. Les États n'ont donc pas le choix : ils doivent sauver leurs banques et protéger ainsi leurs citoyens. Pour autant, il leur faut parallèlement restaurer une croissance forte et réduire par là même leurs déficits. La balle n'est donc plus dans le camp des banques, qui ne font finalement qu'obéir aux ordres et à la réglementation, mais elle est bien dans celui des pouvoirs publics qui se doivent enfin d'être à la hauteur de la situation. À ce sujet, les États-Unis ont d'ores et déjà annoncé qu'ils décalaient « à plus tard » l'application des règles prudentielles extrêmement contraignantes dites « de Bâle III » qui empêchent les banques de financer l'investissement innovant. Ah, qu'il serait bon que les Eurolandais fassent de même ! Mais, comme cela n'est pas d'actualité, on devine aisément qui seront encore les dindons de la farce...

Les banquiers européens devront dépasser ces contraintes et devenir plus actifs. Et c'est là que le bât blesse de nouveau, en particulier en France, car, déjà frileuses lorsque tout va bien, les banques le sont encore plus aujourd'hui. Ne l'oublions pas : la crise financière de 2007-2009 est une crise de mauvaise gestion du risque. Dès lors, les banques veulent à présent réduire au maximum leurs risques, et notamment en matière de crédit à l'économie. On en arrive même souvent à des situations proches du ridicule lorsque les banques veulent bien accorder des crédits aux entreprises et aux ménages, mais si et seulement si ces derniers apportent une garantie au moins aussi élevée que le montant du prêt ! Dans ce cas, c'est à se demander à quoi servent les banques et pourquoi elles facturent des frais et des intérêts, puisque ces derniers sont justement censés rémunérer le risque.

Il ne faut donc pas se tromper de stratégie postcrise : il n'est pas demandé aux banques d'arrêter de prendre des risques, mais simplement de mieux les gérer en tenant compte des vrais potentiels des projets d'investissement, et en ne se contentant pas d'octroyer des crédits à ceux qui n'en ont pas besoin. Si elles n'y parviennent pas, il ne faudra pas se plaindre de voir leur image de plus en plus dégradée. Mais au-delà du marketing, il en va également de la bonne santé du système économique en général et bancaire en particulier. Car si les banques n'alimentent pas l'économie avec plus de crédits et d'investissements, la récession perdurera, risquant par là même d'engager une nouvelle crise du crédit, et fragilisant encore un peu plus le système bancaire. En outre, il faut se souvenir que les banques ne sont pas les seuls financiers de l'économie. Pour trouver des financements, les entreprises peuvent aussi faire appel à des fonds d'investissement indépendants qui débordent de cash actuellement. La part de marché des banques dans le financement de l'économie s'en trouvera donc encore réduite, et leurs profits avec.

Autrement dit, personne n'a intérêt à une raréfaction du crédit bancaire, à commencer par les banques elles-mêmes. Ces dernières doivent ainsi se souvenir qu'elles augmenteront et fidéliseront leurs clients en étant présentes lorsque ceux-ci ont vraiment besoin d'elles. Les banques doivent donc adopter un comportement plus responsable et plus constructif, en abandonnant leur traditionnel « appelez-nous si vous n'avez besoin de rien »…

## Bernanke

À l'instar de ses homologues eurolandais des années 1999-2011 (en l'occurrence Wim Duisenberg et Jean-Claude Trichet), Ben Bernanke a bien mal commencé son mandat à la tête de la Réserve fédérale américaine (Fed), qui débuta le 1^er^ février 2006. En effet, tentant de se montrer à la hauteur de son prédécesseur Alan Greenspan, qui était alors porté aux nues (les erreurs de ce dernier n'avaient pas encore été découvertes, ou du moins étaient masquées par l'euphorie ambiante), Ben Bernanke décida d'augmenter très fortement le taux directeur de la Fed, également appelé taux objectif des *federal funds*. Déjà porté à 4,25 % au début 2006 (contre 1 % à l'été 2004), celui-ci atteignit 5,25 % le 29 juin 2006. Ce resserrement excessif eut notamment pour conséquence de faire augmenter la charge d'intérêts que devaient rembourser chaque mois les ménages américains qui avaient contracté des dettes *subprimes* à taux d'intérêt variables. En 2004, ces derniers étaient d'environ 3 %, deux ans plus tard, ils avoisinaient les 11 %. De plus en plus de ménages furent dans l'impossibilité de rembourser la simple charge mensuelle de la dette, perdirent leur maison et se retrouvèrent en faillite. Ils ne savaient alors pas que leur situation préfigurait avec quelques trimestres d'avance celle de nombreuses entreprises, banques et États. C'est ce que l'on pourrait appeler une crise de la dette *bottom up*, c'est-à-dire « de la base vers le haut ».

Fort heureusement, après avoir été l'artisan de la crise, Ben Bernanke a vite réalisé son erreur et a commencé à inverser la vapeur dès l'été 2007. Il engagea même une baisse historique du taux objectif des fonds fédéraux, qui passèrent de 5,25 % à 0 % en quinze mois. Hasard ou coïncidence : après avoir écrit de nombreux ouvrages sur la crise de 1929 et le manque de pragmatisme de la Fed de l'époque, qui avait alors laissé la crise s'envenimer, Ben Bernanke était à la tête de la Réserve fédérale lors du retour du spectre de 1929. Fort heureusement, grâce à sa réactivité hors pair, il réussit à faire en sorte que 2009 n'en soit pas une réédition.

Enfonçant le clou, Ben Bernanke pratiqua même trois phases de « planche à billets », c'est-à-dire qu'il permit à la Fed de créer de la monnaie *ex nihilo* pour financer les déficits et la dette de l'État américain sans frais.

Cerise sur le gâteau, Ben Bernanke continua dans les démarches historiques en engageant sa dernière phase de « planche à billets » un mois et demi avant les élections présidentielles américaines. Ce fut ainsi la première fois que la Fed engagea un fort mouvement monétaire juste avant une telle élection. Et cela fut particulièrement porteur pour le candidat Obama.

Ben Bernanke restera donc dans l'Histoire à plusieurs titres : « pompier pyromane » en 2006, sauveur des marchés financiers en 2007, aide-fossoyeur de Lehman Brothers en 2008 (le fossoyeur en chef étant évidemment le secrétaire d'État au Trésor de l'époque, Henry Paulson), saint-bernard des États-Unis et du système économico-financier international en 2009-2010, facilitateur de croissance en 2011 et soutien déterminant pour la réélection d'Obama en 2012. À l'évidence, il sera difficile à battre.

## BIB

Comme le prétendait une célèbre publicité des années 1970 : « *En France, on n'a pas de pétrole, mais on a des idées.* » Ainsi, depuis quelques années, pour faire face à la faiblesse chronique de notre croissance économique, donc de notre richesse également appelée PIB (Produit intérieur brut), de plus en plus d'économistes, de politiciens et autres sociologues n'ont eu de cesse de vouloir nous laisser croire que le PIB n'était pas important. Oui, en fait, ce qui compte, veulent nous faire croire ces alchimistes d'un nouveau temps, ce n'est pas le PIB, mais le BIB, autrement dit : le Bonheur intérieur brut. Et effectivement, lorsque l'on voyage à travers le monde, on réalise combien nous sommes heureux en France. Si nous payons beaucoup d'impôts, nous bénéficions d'un *open bar* : l'école, la santé, les congés, les allocations chômage, *all inclusive* : tout est pris en charge ! Nous sommes donc HEUREUX. Mais encore faut-il le rester. Et surtout, à quel prix ?

C'est en cela que le BIB pose beaucoup de problèmes. Tout d'abord, il faut reconnaître que s'il est déjà très difficile de calculer un indicateur tel que le PIB, la tâche sera encore bien plus ardue avec un indice du BIB. Autrement dit, pour mettre au point un indicateur du bonheur, il faudra se lever de bonne heure. Blague à part, il est clair que, généralement, avant d'avoir un peu de BIB, il faut d'abord un peu de PIB. En d'autres termes : le bonheur ne tombe pas du ciel et nécessite souvent quelques revenus. Pour être encore plus clair, se poser la question du bonheur est un luxe que tout le monde ne peut pas se permettre. Car, généralement, avant de choisir de travailler moins, voire d'arrêter de travailler et de profiter de la vie, il faut tout de même avoir mis un peu d'argent de côté. Or sans travail, pas d'argent. Et sans argent, beaucoup de galères.

C'est bien cela qu'il faut faire comprendre aux jeunes générations et aux tenants de la décroissance. Non, la croissance n'est pas une fin en soi. Loin s'en faut. La croissance est simplement le moyen principal de créer plus d'emplois. Et ne nous leurrons pas : il n'y a pas d'emploi sans croissance. L'État pourra toujours créer des emplois publics, en creusant les déficits et en augmentant la dette, mais il faudra tôt ou tard les financer par des impôts qui seront forcément ponctionnés sur de la croissance.

Donc, plus de croissance signifie plus d'emplois, c'est-à-dire plus de revenus, puis, en conséquence, plus de consommation et d'investissements. Et, au bout du compte, plus de réalisations économiques et donc, puisque c'est le mot à la mode en ce moment : plus de bien-être économique, ou encore plus de BIB. C'est tout le mal que l'on peut souhaiter à nos enfants.

## Bijoux de famille

L'expression est parfois péjorative, mais, dans le domaine économique, elle caractérise simplement les actifs détenus par un particulier, une entreprise, un État, voire une nation. Le risque étant évidemment de devoir s'en séparer de manière forcée. Ainsi, lorsqu'un de ces quatre acteurs économiques est en cessation de paiement et/ou proche de la faillite, il n'a souvent d'autre choix que de brader ses actifs. S'il s'agit d'un mouvement national, une spirale pernicieuse s'engage alors, avec une forte baisse des prix (déflation) à la clé. Or, si l'inflation est négative, le taux d'intérêt réel de la dette (c'est-à-dire le taux d'intérêt moins le taux d'inflation) augmente, ce qui aggrave encore la dette et impose au débiteur de vendre encore plus d'actifs. Le cercle infernal devient alors dramatique, avec, au bout du chemin, une perte d'indépendance, voire une guerre et/ou un abandon de souveraineté.

## Bons du Trésor

Pour financer sa dette, l'État émet des titres de créance. Parmi eux, les plus connus, notamment parce qu'ils sont aussi les plus anciens, sont certainement les bons du Trésor. Leurs détenteurs possèdent alors une créance sur l'État, qui, en retour, s'engage à les rembourser à une échéance déterminée et à leur verser un intérêt, également appelé coupon.

Avec le temps, mais surtout avec la croissance effrénée de leur dette et le développement des marchés financiers, les États ont cependant multiplié les produits destinés à financer leurs excès. Ainsi, aujourd'hui, dans la plupart des pays occidentaux, les bons du Trésor ne concernent que des échéances de court terme et sont donc uniquement négociables sur le marché monétaire. En France, on en distingue deux principaux types. D'une part, les BTF qui désignent les bons du Trésor à taux fixe et à intérêt précompté. Il s'agit de produit de très court terme, puisque leur maturité peut être de trois, six et douze mois. D'autre part, les BTAN (Bons du Trésor à taux fixe et à intérêt annuel) qui correspondent à des besoins de financement de l'État de moyen terme, avec des maturités de deux ou cinq ans.

Mais comme l'Etat a aussi des besoins à long terme, il émet également des titres avec des échéances bien plus longues. On parle alors d'obligations d'État. Dans l'Hexagone, il s'agit de ce que l'on appelle des OAT, c'est-à-dire des obligations assimilables du Trésor. La maturité de ces dernières peut aller de sept à cinquante ans, les produits les plus répandus ayant néanmoins une échéance de dix ans.

En général, plus la durée de vie de l'obligation est longue, plus le taux d'intérêt annuel payé par l'État est élevé. Aussi, les pouvoirs publics ont tendance à essayer de réduire la maturité de leur dette de manière à limiter son coût.

Parallèlement, ils font preuve d'une ingéniosité débordante pour trouver des produits toujours plus attractifs et si possible de moins en moins chers. Dans l'Hexagone, l'Agence France Trésor a ainsi créé des OAT à taux fixe, d'autres à taux variables, d'autres dites « zéro coupon » et enfin des OATi, c'est-à-dire indexées sur l'inflation.

Bref, qu'il s'agisse des bons du Trésor de grand-papa ou des OAT nouvelle génération, les titres d'État ont de beaux jours devant eux.

## Bourses

« *Que faisiez-vous au temps chaud ?*
*Dit-elle à cette emprunteuse.*
*– Nuit et jour à tout venant*
*Je chantais, ne vous déplaise.*
*– Vous chantiez ? J'en suis fort aise.*
*Eh bien ! Dansez maintenant.* »

Ces quelques vers concluant la célèbre fable de La Fontaine, *La Cigale et la Fourmi,* siéent parfaitement aux marchés boursiers, en particulier depuis l'année 2012.

En effet, en 2012, les bourses mondiales ont vécu leur premier été calme depuis cinq ans. Crise des *subprimes* en 2007, flambée du baril à 150 dollars puis faillite de Lehman Brothers en 2008, récession en 2009, crise grecque en 2010, crise de la zone euro en 2011. À l'évidence, nous avions vraiment besoin d'un répit et celui-ci est intervenu lors de la période estivale de 2012, mais aussi lors du rallye de la fin d'année.

Cette accalmie s'explique notamment par les efforts marketing mis en place par les dirigeants eurolandais pour laisser croire que la crise de la zone euro est en voie de résorption. La nette remontée des indices européens fin août, fin novembre et début décembre, à la suite de déclarations réconfortantes en provenance de la BCE et des dirigeants européens, confirme que ces méthodes d'illusionnistes fonctionnent toujours bien. Cette surenchère de moyens a d'ailleurs été telle qu'elle a réussi à faire oublier que la zone euro était entrée en récession pour longtemps et que, par là même, la crise de la dette publique était loin d'être terminée.

Seulement voilà, tout a une fin. Ainsi, après la torpeur enivrante de l'été et la trêve des confiseurs, les premiers mois de 2013 ont déjà commencé à rappeler la dure réalité. Tout d'abord, en dépit d'une légère remontée fin 2012, les indicateurs avancés de l'activité restent sur des niveaux particulièrement bas. Ils montrent malheureusement que le glissement annuel du PIB eurolandais pourrait passer de –0,6 % au troisième trimestre 2012 à –2 % d'ici l'été.

Dans le même temps, le taux de chômage a continué de flamber dans la grande majorité des pays eurolandais. Seule l'Allemagne continue de détonner, avec un taux stable de 5,3 %. Dans l'ensemble de la zone euro, le taux de chômage ne cesse de dépasser des sommets historiques. De quoi rappeler que la crise économique est en train de devenir une crise sociale, qui va devenir de plus en plus incontrôlable. Enfin, même s'il ne s'agit encore que de rumeurs, les *profits warning* (c'est-à-dire les annonces sur des baisses de résultat des entreprises pour les prochains mois) s'annoncent nombreux et conséquents. Dans ce cadre, les marchés boursiers internationaux ont déjà repris le chemin de la baisse et s'apprêtent à traverser de fortes turbulences tout au long de l'année 2013. Dans ce contexte difficile, trois lueurs d'espoir se maintiennent néanmoins. *Primo*, la poursuite de la résistance de la croissance américaine. *Secundo*, un nouvel assouplissement de la politique de la BCE. *Tertio*, un véritable accord pour sauver la Grèce et l'Espagne.

Malheureusement, sans vouloir casser l'ambiance, ces trois espoirs risquent d'être vite déçus. Le premier parce que la croissance américaine ne pourra pas dépasser les 2,5 %. En ce qui concerne la politique monétaire eurolandaise, si Mario Draghi fait un bien meilleur travail que son prédécesseur, il reste néanmoins prisonnier des statuts de la BCE et de la rigueur allemande qui l'empêcheront de joindre l'acte à la parole.

Enfin, alors que la France s'obstine à vouloir encore augmenter la dépense publique, il y a peu de chances que l'Allemagne accepte de fermer les yeux encore une fois et, ce faisant, qu'elle aide davantage la zone euro à sortir de l'ornière.

En conclusion, pour 2013, il faudra rester très prudent. À la rigueur, on pourra continuer de privilégier les phases d'aller-retour. Quant à ceux qui n'aiment pas les montagnes russes, je leur dis clairement qu'il n'est pas encore temps d'investir franchement sur les marchés boursiers français et sud-européens.

## Bulle

Souvent galvaudé et/ou employé à mauvais escient, le terme « bulle » signifie simplement qu'il existe un écart cumulatif et auto-entretenu entre la valeur financière d'un actif et sa valeur réelle. Ainsi, une augmentation du prix d'un bien, d'une action, d'une obligation ou d'une matière première n'est pas inquiétante si, et seulement si, elle est à l'aune de la valeur réelle de l'actif en question. Tout le problème est évidemment de connaître cette dernière. C'est la principale raison pour laquelle une bulle financière accompagne toujours une révolution technologique. En effet, dans la mesure où cette dernière et les entreprises qui naissent avec sont nouvelles, leur *business model* et leur valorisation sont difficilement appréciables. Il est donc presque obligatoire de passer par la phase bulle avant de trouver la valeur d'équilibre des entreprises nouvellement créées. Malheureusement, cela se traduira aussi par des destructions d'entreprises et des moins-values parfois conséquentes.

À côté de ces bulles, finalement presque « normales », la plupart des autres bulles sont uniquement spéculatives. Mais là aussi, il n'y a pas de fumée sans feu. Autrement dit, il existe toujours un mobile objectif à l'origine d'une bulle spéculative. Mais, une fois que cette dernière est lancée, tous les comportements les plus irrationnels s'imposent et il est quasiment impossible de la stopper avant son explosion ou, dans le meilleur des cas, son dégonflement.

Les bulles sont encore nombreuses aujourd'hui et malheureusement imperceptibles pour ceux qui les alimentent, souvent sans le vouloir. Il y a, par exemple, la bulle immobilière française, qui est certes en voie de dégonflement, mais reste encore bien enflée. Mais il y a surtout deux autres bulles dont l'explosion fera très mal : la bulle de la dette publique et celle des obligations d'État, en particulier au sein des pays de la zone euro, à l'exception notable de l'Allemagne.

En effet, chaque année depuis 2007, dans la quasi-totalité des pays de l'UEM, la croissance est insuffisante pour assurer le paiement des intérêts de la dette publique. Dès lors, pour régler ces derniers, il faut encore s'endetter. C'est ce mouvement cumulatif et auto-entretenu qui caractérise la bulle de la dette.

La bulle des obligations d'État, également appelée bulle obligataire, est encore plus pernicieuse, puisqu'elle se traduit par une baisse des taux d'intérêt des bons du Trésor et donc une flambée du cours de ces derniers, en dépit de l'accroissement permanent de la dette. Et ce, en particulier sur les obligations de l'État français, dont les taux demeurent particulièrement bas, alors que la dette publique hexagonale ne cesse de battre des records.

Ce paradoxe s'explique principalement par le fait que, disposant d'un excès de liquidités et ne pouvant ou ne souhaitant plus prendre de risque, de trop nombreux investisseurs préfèrent se réfugier vers des placements jugés sans risque ou peu risqués.

Parallèlement, certains pays cherchant à limiter l'appréciation de leur devise, voire souhaitant la déprécier, achètent massivement des bons du Trésor en euros, bien sûr de l'État allemand, mais aussi de l'État français. C'est par exemple le cas de la Confédération helvétique, qui ne sait plus quoi faire pour stopper l'appréciation du franc suisse et éviter un trop fort ralentissement de sa croissance.

Tant que la note de la France n'est pas fortement dégradée, la dette française constitue ainsi un placement privilégié. Le jour où la dégradation sera plus marquée et donc plus conforme à la réalité, une nette correction haussière des taux d'intérêt s'opérera, avec une forte baisse des cours obligataires à la clé.

Les nombreux détenteurs d'obligations du Trésor français pourront alors se mordre les doigts. C'est le problème avec les bulles, on ne les voit que lorsqu'elles ont éclaté. Mais, cette fois-ci, vous aurez été prévenus.

# C

## Cac 40

3 500. Depuis un peu plus de deux ans, ce niveau constitue mon objectif permanent pour le Cac 40. Autrement dit, il s'agit de la valeur qui, selon mes calculs, apparaît justifiée pour l'indice phare de la Bourse de Paris. Et ce tant sur la base des fondamentaux économiques que sur celle des caractéristiques actuelles des marchés.

Certes, en tant qu'économiste, il ne m'est pas vraiment permis de baser mes prévisions sur l'analyse technique (qui fonde ses prévisions sur la seule observation du passé et sans prise en compte des fondamentaux économiques) et/ou sur les mouvements spéculatifs. Cependant, il arrive parfois que ceux-ci prennent le dessus et/ou convergent avec la réalité économique. Cette situation atypique s'observe généralement lorsque la visibilité est faible ou nulle. Or, c'est exactement le cas aujourd'hui.

En effet, qu'il s'agisse de l'avenir de la zone euro, de celui de l'économie américaine, mais aussi de la situation chinoise, sans parler du risque iranien, les perspectives économiques, géopolitiques et financières internationales sont particulièrement obscures. Devant cette opacité, les investisseurs institutionnels de long terme délaissent les marchés boursiers, qui deviennent dès lors des marchés dits de *trading*, c'est-à-dire spéculatifs. Comme je l'annonce depuis l'été 2010, les bourses mondiales sont mues par des mouvements de *stop and go*, sans tendance de fond. Cette volatilité est d'autant plus forte sur le Cac 40, que ce dernier est de plus en plus sous-pondéré dans les portefeuilles internationaux. En effet, de par sa composition (trop de valeurs bancaires) et surtout à cause du manque de confiance dans l'avenir économico-fiscalo-politique de la France, le Cac 40 est devenu la dernière roue du carrosse des investissements boursiers internationaux. Depuis 2009, il constitue d'ailleurs l'indice le moins performant parmi ses grands homologues occidentaux. Dans ce cadre, il est désormais coincé par des mouvements de va-et-vient entre 3 000 et 3 700 points.

Si cet intervalle fonctionne particulièrement bien depuis 2011, il est intéressant d'observer qu'il est également valable depuis 2002. Certes et fort heureusement, au cours de la dernière décennie, il y a eu quelques phases d'euphorie, notamment en 2006-2007. Mais, celles-ci furent de courte durée. Ainsi, à l'instar de la flambée de 1999-2000, celle de 2006-2007 n'a été qu'une parenthèse euphorique entre deux phases de normalité autour des 3 500 points. À l'inverse, il faut noter que les phases de décrues sont moins marquées : 2 300 points en 2003 et 2 500 en 2009 constituent les planchers du Cac 40. En d'autres termes, lorsque ce dernier passe sous les 3 000, il devient vraiment intéressant à l'achat.

Pour les mois et les trimestres à venir, cet « intervalle de confiance » devrait perdurer. En effet, la récession eurolandaise, la poursuite de la crise de la dette et l'euro trop fort continueront de peser à la baisse sur les résultats des entreprises. Dès que la barre des 3 500-3 600 points sera franchie, il faudra alors se mettre en position de vente. Parallèlement, dès que le Cac 40 passera sous les 3 000 points, cela devrait aller de pair avec une forte dépréciation de l'euro, ce qui suscitera des positions à l'achat.

Pour sortir de cet intervalle, il faudra un changement très fort. À la baisse, il s'agira par exemple d'une explosion de la zone euro, d'une nouvelle récession aux États-Unis ou encore d'une guerre au Proche et Moyen-Orient. La barre des 3 000 points sera alors fortement enfoncée et celle des 2 000 deviendra la norme.

À l'inverse, pour sortir de ce canal à la hausse, il faudra que la zone euro soit définitivement sauvée, que la BCE mette en place une « planche à billets », ou encore que la récession eurolandaise prenne fin. Malheureusement, ce n'est pas encore pour demain. Espérons simplement que les catastrophes de la sortie par le bas ne se produiront pas avant.

## Candides

Paru à Genève en janvier 1759, le conte philosophique de Voltaire *Candide ou l'Optimisme* a traversé les siècles sans aucune ride. Mieux ou plutôt pire, à chacune des crises économico-financières qu'a traversées la planète, les dirigeants politiques n'ont cessé de nous faire croire que tout allait « *pour le mieux dans le meilleur des mondes* », et que les crises en question n'étaient qu'un mal pour un bien. La crise de la dette publique des pays eurolandais n'échappe pas à cette triste règle. Pour s'en convaincre, il suffit d'observer les multiples sommets européens des dernières années censés mettre un point final à la crise, mais que nous attendons toujours.

Le summum de ces faux-semblants a été atteint lors des réunions de fin juin et de fin novembre 2012. Au sortir de ces réunions soi-disant historiques, un même sentiment prévaut : Ouf ! Après trois ans de stress et de craintes existentielles, la zone euro semble enfin sauvée. En fait, à l'instar d'une soirée électorale française, tout le monde se déclare gagnant. Les Français se prévalent de la décision d'un plan de soutien à l'activité de 120 milliards d'euros (que l'on attend toujours cependant) ; l'Espagne et l'Italie se félicitent du plan de sauvetage des banques via la BCE ; les dirigeants grecs se déclarent satisfaits ; quant à l'Allemagne, elle soutient que tous ces « cadeaux » n'ont été consentis qu'en échange d'un engagement renforcé sur le front de la rigueur budgétaire.

Pour confirmer cette « béatitude », les bourses mondiales ont salué avec ferveur ces accords en progressant nettement au cours de l'été dernier et à la fin 2012, que ce soit en Europe, en Asie ou aux États-Unis. De même, après avoir dangereusement flambé, les taux d'intérêt des obligations des États eurolandais se sont nettement détendus.

Et, ne faisons pas la fine bouche, les décisions prises tombent à pic pour sauver temporairement la zone euro et pour lui permettre de passer une période relativement tranquille. Et après ? C'est justement là le problème. Car, au-delà des cadeaux annoncés, il n'y a pas grand-chose de nouveau sous le soleil de l'UEM. Et pour cause : cela fait des années, pour ne pas dire plus d'une décennie, que les dirigeants eurolandais s'engagent à réduire leurs déficits publics, avec pour seul résultat une augmentation structurelle de ces derniers. À l'exception notable de l'Allemagne, du Luxembourg et de la Finlande, il n'y a ainsi aucun pays eurolandais qui a réussi à tenir ses engagements en la matière. Certes, certains ont fait des sacrifices, notamment les Pays-Bas, le Portugal et l'Italie. Cependant, l'aggravation de la récession a réduit ces efforts à néant. Si bien que la dette publique a atteint des niveaux prohibitifs un peu partout.

C'est en cela que les sommets des 28 et 29 juin, ainsi que celui du 27 novembre n'ont absolument rien résolu. En effet, que ce soit pour la France, l'Espagne, la Grèce ou tous les autres pays de la zone euro, le retour de la récession étouffe dans l'œuf les promesses obtenues. Pis, la remontée de l'euro/dollar qui a suivi ces dernières aggravera l'atonie économique et augmentera les déficits. Il faut d'ailleurs noter que la baisse des taux d'intérêt à long terme des pays en difficulté a été limitée. Ce qui montre bien que la circonspection reste de mise.

Je ne cesse de le répéter depuis des années : tant que la BCE ne sera pas dotée d'un rôle plus actif en matière de croissance et qu'elle n'achètera pas de la dette publique en direct, la zone euro restera menacée.

Dans ce cadre, le seul véritable avantage des derniers sommets européens est de gagner du temps. L'ennui est que plus les sommets de sauvetage se multiplient, plus le temps gagné est court. Ainsi, jusqu'à la crise grecque, il était de un à deux ans. Avec la tempête hellène, ce délai a été réduit à six mois. Désormais, il n'est plus que d'environ trois mois.

Ce qui est assez incroyable, c'est qu'en dépit de ces déceptions successives, les déclarations des dirigeants eurolandais sont quasiment toujours les mêmes : « *Victoire !* » « *La zone euro est définitivement sauvée !* » « *La crise de la dette publique est résolue !* » ou encore mieux, « *La crise est finie !* » Il faut reconnaître que, lorsque les temps sont durs, comme c'est le cas depuis bientôt cinq ans (déjà !), ces affirmations font du bien. Elles donnent envie de retrousser ses manches, de retrouver l'optimisme et de réviser à la hausse ses prévisions. Mais l'expérience nous a aussi appris à ne pas être dupes, surtout lorsque ces phrases sont prononcées par des « arracheurs de dents »...

Alors, face à tant de faux-semblants, que faut-il faire ? D'abord, profiter de l'instant présent. Quant à la suite, il faut continuer à développer des stratégies anti-crise en se souvenant que celui qui baisse les bras est sûr de perdre. En d'autres termes, innovons, investissons sur des niches et/ou à l'international. De la sorte, nous aurons au moins une chance de gagner.

C'est d'ailleurs exactement ainsi que se termine le conte de Voltaire :

*« Pangloss disait quelquefois à Candide : "Tous les événements sont enchaînés dans le meilleur des mondes possibles; car enfin, si vous n'aviez pas été chassé d'un beau château à grands coups de pied dans le derrière pour l'amour de Mademoiselle Cunégonde, si vous n'aviez pas été mis à l'Inquisition, si vous n'aviez pas couru l'Amérique à pied, si vous n'aviez pas donné un bon coup d'épée au baron, si vous n'aviez pas perdu tous vos moutons du bon pays d'Eldorado, vous ne mangeriez pas ici des cédrats confits et des pistaches."*

*– Cela est bien dit, répondit Candide, mais il faut cultiver notre jardin. »*

## CENT POUR CENT

Cela aurait pu être le sous-titre de ce dictionnaire terrifiant de la dette. C'est en tout cas son mobile principal. En effet, en 2013, la dette publique française va atteindre le niveau impressionnant de 100 % du PIB.

Certes, il faut reconnaître que le ratio dette publique/PIB n'est que le rapport entre un stock de dettes et un flux de revenus. Or, comparer un stock à un flux a peu de sens économique. Si la dette n'était pas supérieure au revenu, il ne servirait à rien de s'endetter. Autrement dit, la dette n'est pas un drame, elle est au contraire un vecteur d'investissement, de développement et de croissance. Seulement voilà, si cette dernière n'est pas au rendez-vous, alors la dette devient non seulement inutile, mais surtout dangereuse.

C'est pourquoi le véritable enjeu réside dans le comparatif entre le flux de paiement des intérêts de la dette publique et le flux de croissance économique. Si le second est supérieur au premier, la dette est acceptable, ou du moins soutenable. Ainsi, de ce point de vue, en dépit d'un ratio dette publique/PIB supérieur à 100 % depuis 2011, les États-Unis sont, par exemple, toujours loin de la faillite. Et pour cause : depuis 2010, la progression de leur PIB en valeur dépasse largement la charge d'intérêts de la dette publique, en l'occurrence 4,1 % contre 2,1 %. En d'autres termes, la bulle de la dette publique ne sévit pas aux États-Unis. Pour éviter un tel écueil, ces derniers devront néanmoins stabiliser leur croissance autour des 2,5 % en volume et des 4,5 % en valeur, tout en réussissant à réduire leurs déficits publics structurels. Notamment en diminuant leurs dépenses publiques inefficaces, en particulier celles de fonctionnement.

Bien loin de ce chemin, la France ne parvient plus à générer une croissance économique supérieure à la charge d'intérêts de sa dette publique. C'est en cela que son entrée dans le club très peu envié des pays endettés à plus de 100 % est un véritable danger pour l'avenir de l'économie et de la société française.

Dans la zone euro, il n'existe que quatre pays de ce type : la Grèce, l'Italie, le Portugal et l'Irlande qui affichent des ratios de respectivement 170 %, 128 %, 119 % et 117 %. Après vingt ans passés dans ce petit cercle des mauvais élèves, la Belgique en est sortie depuis 2003, même si elle flirte de nouveau avec la barre des 100 %, à 98 % en 2012 et 2013.

Au niveau des pays de l'OCDE, ce « cercle des 100 % » s'élargit légèrement avec trois autres pays : bien sûr le Japon, champion toutes catégories, avec environ 240 %, les États-Unis (105 %) et Singapour (104 %).

Enfin, au niveau du reste du monde, six autres pays (du moins parmi ceux recensés par le FMI) se joignent à la fête : Les îles Saint Kitts and Nevis (145 %), la Jamaïque (143 %), le Liban (135 %), l'Érythrée (125 %), le Soudan (112 %) et la Grenade (105 %).

Si la France fait donc partie des lanternes rouges de la croissance mondiale, elle pourra se réconforter en intégrant le « club des 100 % » qui ne comptait jusqu'à présent que treize membres. On se console comme on peut !

## Changement

« La force tranquille » en 1981, « Génération Mitterrand » et « La France unie » en 1988, « La France pour tous » en 1995, « La France en grand, la France ensemble » en 2002, « Ensemble tout devient possible », mais aussi « La rupture » en 2007, et enfin « Le changement, c'est maintenant » en 2012. À la lecture des slogans de campagne des présidents français depuis plus de trente ans, une remarque s'impose : que de promesses non tenues, que de faux-semblants, bref, que d'arnaques ! Bien entendu, nous sommes conscients que, pour être élus, les candidats à la fonction suprême doivent faire rêver et que, pour y parvenir, ils se livrent à un concours de marketing et de talents publicitaires. À ce titre, on pourrait d'ailleurs se réjouir d'avoir évité de justesse « La Porsche tranquille » de DSK…

Plus sérieusement et sans vouloir jouer les démagogues, si la méthode Coué et le marketing ont des vertus apaisantes, ils ne peuvent pas constituer l'axe principal d'une stratégie présidentielle et gouvernementale. Autrement dit, les Français veulent bien rêver mais, tôt ou tard, il leur faut des résultats et du concret.

Faute de place, nous ne remonterons pas aux mandats de François Mitterrand et de Jacques Chirac. Rappelons simplement qu'au cours de ces vingt-six années, la France a connu des changements bien peu enviables : sa croissance structurelle est passée de plus de 3 % à moins de 1,5 %, le chômage de masse est devenu la norme, les tensions et les inégalités sociales se sont accrues, la dette publique est passée de 20 % à près de 70 % du PIB. En d'autres termes, non seulement ces deux présidents n'ont pas tenu leurs promesses de campagnes mais, surtout, la France a évolué dans le sens inverse de ce qu'ils annonçaient.

Les deux derniers chefs de l'État n'ont pas dérogé à la règle. Même si l'élection de François Hollande est relativement récente et nous impose de lui laisser encore le bénéfice du doute, il est assez troublant d'observer les ressemblances et les erreurs communes qui rapprochent celui-ci de son prédécesseur. Tout d'abord, alors que les deux promettaient un changement radical dès leur élection, force est de constater qu'il n'en a rien été. Ainsi, en lieu et place de la rupture, Nicolas Sarkozy s'est contenté du « bouclier fiscal » et de quelques mesurettes. Il y a bien eu la réforme de la retraite mais, celle-ci tablant sur un taux de chômage de 7 %, elle va vite devenir caduque. Et que l'on arrête de faire croire que la « rupture » a été empêchée par la crise, car cette dernière n'a vraiment commencé qu'en 2008, soit un an après l'élection présidentielle. Or, il est clair que, compte tenu de la faible culture économique des Français et de leur hermétisme à la réforme, toute véritable rupture doit être menée dans les six à neuf mois qui suivent l'élection. Au-delà, il est déjà trop tard…

En dépit de cette réalité avérée, François Hollande a reproduit la même erreur. Bien loin des promesses de restauration de la croissance et de refonte de la zone euro, il s'est « contenté » de soutenir que la crise était finie et de courber l'échine face à la détermination d'Angela Merkel. Encore heureux que Mario Draghi dirige la BCE et a empêché le pire, alors que Nicolas Sarkozy a dû composer avec le dogmatisme destructeur de Jean-Claude Trichet.

Autre similitude troublante qui prouve la crainte d'engager un véritable changement, les deux derniers présidents français ont commandé des rapports sur la stratégie à mettre en œuvre pour relancer la croissance. Et ce, à des personnalités de bord relativement opposé à la majorité, de manière à montrer le souhait présidentiel de rassemblement. Ainsi, pour justifier son action, Nicolas Sarkozy a commandé le rapport Attali, sorte de gage d'ouverture à gauche. Symétriquement, avec le rapport demandé à Louis Gallois, ex-PDG d'EADS, François Hollande et Jean-Marc Ayrault ont voulu démontrer l'ouverture du nouveau gouvernement en direction des entreprises. Bien entendu, dans la mesure où ils n'obéissent qu'à une démarche de politique politicienne, ces rapports finiront comme tous les énièmes rapports commandés par les différents présidents, Premiers ministres, ministres, etc. depuis trente ans, c'est-à-dire dans un placard, voire dans une poubelle.

Notons néanmoins une nouveauté : si Nicolas Sarkozy a laissé croire à Jacques Attali que son rapport allait servir à quelque chose, François Hollande a prévenu avant même sa publication qu'il n'y aurait pas de « choc de compétitivité » et que le rapport Gallois figurerait en bonne place dans les oubliettes de la République.

En dépit des apparences, M. Hollande a donc bien dépassé M. Sarkozy. Mais pas forcément dans le bon sens. En effet, si Nicolas Sarkozy n'a pas réussi à diminuer la dépense publique, il a quand même évité d'augmenter fortement la pression fiscale. Bien différemment, François Hollande a prévenu les Français : la dépense publique ne baissera pas, ce qui signifie en langage codé qu'elle augmentera nettement. Mais, surtout, les impôts et taxes vont flamber. Le gouvernement n'hésite d'ailleurs pas à annoncer que le poids des prélèvements obligatoires dans le PIB passera de 44,5 % en 2012 à plus de 46,3 % en 2013. Riches, moins riches et pauvres, tout le monde va donc devoir cracher au bassinet... Conséquences logiques de ce non-sens économique, l'activité va encore reculer, le chômage augmenter, donc l'assiette fiscale baisser, les recettes publiques diminuer, ce qui ne manquera évidemment pas d'aggraver les déficits et la dette.

Pour essayer de déminer le terrain, le ministre de l'Économie, Pierre Moscovici, monte régulièrement au créneau pour annoncer que la croissance du PIB français fait mieux que résister. Un vrai miracle ! Mais les Français ne sont pas dupes : l'évolution récente du chômage correspond bien à une situation de récession. Un problème qui ne fera d'ailleurs qu'empirer avec l'augmentation de la pression fiscale.

Si c'est cela le changement, alors, s'il vous plaît, monsieur Hollande, ne changez rien...

## CHARGE D'INTÉRÊTS DE LA DETTE

Il s'agit certainement de la clé principale de la crise de la dette publique. En effet, au-delà des sommets stratosphériques et donc très dangereux que la dette a atteints dans la plupart des pays occidentaux, la vraie difficulté réside dans le fait que ces derniers ne parviennent plus à créer suffisamment de richesses pour rembourser la seule charge annuelle des intérêts de la dette ! Or, pour continuer de trouver des financements, un État est dans l'obligation de rembourser chaque année cette charge d'intérêts.

Pour qu'un pays sorte définitivement de la crise (de la dette et des autres par la même occasion), il doit générer une croissance en valeur (c'est-à-dire augmentée de l'inflation) supérieure à la charge d'intérêts qu'il doit acquitter chaque année. Le problème est qu'à l'heure actuelle, seuls quatorze pays développés (selon la définition de l'OCDE), hors UEM, parviennent à ce résultat : l'Australie, le Canada, le Danemark, Hong-Kong, l'Islande, Israël, la Corée du Sud, la Nouvelle-Zélande, la Norvège, Singapour, la Suède, la Suisse, Taïwan et les États-Unis. Dans la zone euro, il n'y en a que cinq : l'Allemagne, l'Estonie, la Finlande, le Luxembourg et la Slovaquie.

Cela signifie donc que tous les autres, y compris la France, sont enlisés dans une crise de la dette qui risque de durer très longtemps. Pour jauger l'ampleur des dégâts, le comparatif de la charge annuelle d'intérêts de la dette publique et de la croissance en valeur en 2012 pour les principaux pays développés est particulièrement éloquent.

Commençons par ceux qui arrivent à combler le paiement de leur charge d'intérêts (par ordre décroissant d'importance dans le PIB mondial) :

| | A | B | A-B |
|---|---|---|---|
| États-Unis | 4,1 % | 2,1 % | 2 % |
| Allemagne | 2,2 % | 1,8 % | 0,4 % |
| Canada | 2,9 % | 0,6 % | 2,3 % |
| Corée du Sud | 4 % | 0,8 % | 3,2 % |
| Singapour | 5,7 % | 1,4 % | 4,3 % |
| Australie | 4,5 % | 0,5 % | 4 % |

*A : croissance en valeur en 2012*

*B : charge annuelle d'intérêts de la dette (en % du PIB)*

*A-B : écart entre la croissance et la charge de la dette*

Quant aux pays qui n'y parviennent pas, la liste est malheureusement longue et prendrait trop de place. Voici donc les cas les plus déterminants :

| | A | B | A-B |
|---|---|---|---|
| Zone Euro | 1,1 % | 3,8 % | –2,7 % |
| Japon | 1 % | 1,1 % | –0,1 % |
| France | 1,1 % | 2,5 % | –1,4 % |
| Royaume-Uni | 1,5 % | 2,7 % | –1,2 % |
| Italie | –1,5 % | 5,4 % | –6,9 % |
| Espagne | 0,5 % | 2,8 % | –2,3 % |
| Portugal | –1,5 % | 4,5 % | –6 % |
| Grèce | –6 % | 6 % | –12 % |

À l'exception des pays du sud de l'Europe, la situation n'est donc pas insurmontable, mais indique qu'il faudra tout de même engager des réformes de fond pour sortir de la spirale infernale.

Car, plus globalement, toutes ces différences montrent bien que la crise de la dette publique n'est pas une fatalité. Pour s'en sortir, il suffit de le vouloir. La zone euro est donc déjà coupée en deux. D'un côté, il y a les pays qui savent se remettre en question, dotés d'une culture économique basée sur l'investissement, la responsabilisation et la libre entreprise. Grâce à ces qualités, ces pays réussissent à réduire leurs dépenses publiques inefficaces et à moderniser leur économie. De l'autre, il y a tous ceux qui sont plutôt habités par la culture de l'immobilisme, de l'augmentation des dépenses publiques et de la pression fiscale à tout va. Ceux-ci sont malheureusement incapables de se réformer, de réduire leurs gaspillages publics, et sont donc condamnés à la croissance molle et à la bulle de la dette publique.

Espérons simplement que la crise actuelle et la flambée à venir des taux longs constitueront un mal pour un bien et nous permettront enfin de changer de stratégie. Avouons que dans le contexte actuel, ça fait du bien de rêver un peu.

## CHINE

La Chine est certainement l'une des grandes gagnantes des dernières crises, depuis celle des *subprimes* jusqu'à celle de la dette publique, en passant par celle de la zone euro. En effet, alors que tous les pays développés et une partie de ceux du monde émergent ont sombré dans la récession en 2008-2009, la Chine n'a cessé de croître. De même, lors de la reprise de 2010, elle est restée la locomotive de la croissance mondiale. Enfin, alors que la plupart des soi-disant experts de la Chine lui prédisaient un effondrement en 2011-2012, l'Empire du Milieu a continué de dominer la planète économique.

Certes, sans surprise, la croissance chinoise a encore décéléré au troisième trimestre 2012. Après avoir atteint 11,9 % au premier trimestre 2010, puis ralenti progressivement pour atteindre respectivement 8,1 % et 7,6 % aux premier et deuxième trimestres 2012, le glissement annuel du PIB chinois a reculé à +7,4 %. Il s'agit donc d'un « plus bas » depuis le premier trimestre 2009.

Pour autant, il n'y a pas péril en la demeure. En effet, tant que la croissance chinoise ne passe pas durablement sous les 7 %, les risques de dérapages sociaux restent faibles. Ainsi, la remontée de la croissance à 7,9 % au quatrième trimestre a de quoi rassurer. Et ce d'autant que les indicateurs avancés de l'activité économique (et notamment les enquêtes des directeurs d'achat) montrent justement qu'elle restera bien orientée en 2013. D'ailleurs, il faut comprendre que le ralentissement de 2011-2012 a été voulu et piloté par le gouvernement chinois.

Lorsqu'en 2010 le glissement annuel du PIB chinois a frôlé les 12 %, il était urgent d'éviter la surchauffe, c'est-à-dire une inflation trop forte. Pour ce faire, la Banque populaire de Chine a durci sa politique monétaire, et a notamment suscité un mouvement d'appréciation du yuan, également appelé renminbi. En deux ans, le taux de change est ainsi passé de 6,80 yuans pour un dollar à 6,30.

Réciproquement, depuis que le ralentissement chinois a commencé, c'est-à-dire depuis le début 2012, le yuan a été stabilisé entre 6,25 et 6,30. En outre, lorsque l'on sait que le niveau de la parité des pouvoirs d'achat fait état d'un renminbi d'équilibre d'environ 3,50 yuans pour un dollar, on comprend que la devise chinoise est encore loin d'être surévaluée. Autrement dit, en dépit du repli (d'ailleurs limité) de la croissance mondiale, les exportations chinoises resteront soutenues. Et ce, d'autant plus qu'elles gagnent en qualité tous les jours.

Mais, à la rigueur, là n'est plus l'essentiel. En effet, le premier moteur de l'économie chinoise n'est plus l'exportation mais la demande intérieure. C'est notamment grâce à cette dynamique domestique que la Chine a pu éviter la récession en 2009 et apparaître ainsi aux yeux du monde comme l'une des rares locomotives durables de l'économie mondiale, loin devant les États-Unis. Sur ce front, il faut encore reconnaître que la vigueur demeure d'actualité. Et pour cause : en dépit d'un léger affaiblissement au printemps 2012, les ventes au détail ont repris le chemin de la hausse. Leur glissement annuel a même dépassé la barre des 15 % en décembre et s'y installe depuis, confirmant que la croissance chinoise peut durablement compter sur la consommation des ménages.

Cette dynamique est d'autant plus louable qu'elle va de pair avec une inflation complètement maîtrisée. Ainsi, en dépit de l'augmentation des prix de nombreuses denrées alimentaires, le glissement annuel des prix à la consommation est passé de presque 7 % à l'été 2011 à moins de 2 % aujourd'hui. Quant au glissement annuel de l'indice des prix hors alimentation, il demeure également très sage, passant de 3 % sur une bonne partie de l'année 2011 à environ 1,5 % depuis le printemps 2012.

En conclusion, les Chinois peuvent aujourd'hui compter sur une croissance relativement saine, basée sur une demande intérieure dynamique et sur une inflation maîtrisée. Mieux, en cas d'éventuel coup dur dans les prochaines années, ils pourront s'appuyer sur deux armes implacables pour éviter la récession. D'une part, le contrôle de leur taux de change. D'autre part, des réserves de changes de plus de 3 300 milliards de dollars, c'est-à-dire l'équivalent du PIB allemand qui se retrouve donc en stock à la Banque centrale chinoise.

Arrêtons donc de nous alarmer outre mesure pour la santé de l'économie chinoise. Les vraies sources d'inquiétudes viennent plutôt du monde occidental, avec une nouvelle grave récession en Europe et une économie américaine qui ne doit son sauvetage qu'à une politique monétaire excessivement accommodante, et qui pourrait avoir des conséquences particulièrement néfastes au cours de la prochaine décennie...

Après avoir dépassé le Japon en 2011 (en termes de niveau de PIB en valeur) et la zone euro d'ici 2016, la Chine est donc toujours bien partie pour remplacer les États-Unis à la tête de l'économie mondiale d'ici une douzaine d'années. Mieux, ou plutôt pire, les Chinois sont en train d'acheter massivement des obligations des pays développés et deviennent ainsi nos créanciers pour longtemps. À l'évidence, il va être de plus en plus difficile pour les dirigeants occidentaux, et en particulier européens, de critiquer la position de la Chine à l'égard du Tibet ou de Taïwan. Comme quoi le dérapage de nos dettes publiques n'a pas que des conséquences négatives sur le front économique, il en a également sur notre influence géopolitique et diplomatique.

## CHÔMAGE

Il s'agit certainement de l'un des plus graves fléaux économiques des trente dernières années. François Mitterrand disait même de lui que tout avait été essayé pour le réduire, en vain. Au regard de la permanence d'un chômage massif en Europe et dans l'Hexagone depuis les années 1980, force est de constater qu'il n'avait pas complètement tort.

Bien plus grave, avec ou sans croissance, un niveau structurellement élevé du chômage s'est imposé dans nos économies. Aussi, lorsqu'une crise, comme celle que nous subissons depuis 2008, s'installe, l'emploi devient rapidement une variable d'ajustement et le chômage grimpe vers des sommets. Cela fait ainsi deux ans que le taux de chômage eurolandais augmente de façon continue. D'octobre à novembre 2012, il a même atteint un nouveau record historique à 11,7 %. Un niveau qu'il faut comparer au plancher de 7,3 % de février-mars 2008, et qui montre l'ampleur de la dégradation du marché du travail dans l'UEM.

Malheureusement, la récession qui s'est installée depuis la fin 2011, et qui va encore s'aggraver au cours des prochains trimestres, ne va pas arranger les choses. Bien au contraire puisque, compte tenu de la baisse prévisible du PIB au troisième et au quatrième trimestre 2012, le taux de chômage devrait avoisiner les 13 % d'ici la fin 2013.

À l'exclusion notable de l'Allemagne (qui affiche un taux de chômage de 5,3 %), tous les pays de la zone euro connaissent une vague de forte augmentation du chômage. Notamment dans l'Hexagone, où le taux de chômage a atteint 10,6 % en décembre, un nouveau « plus haut » depuis la fin des années 1990. Lorsque les dirigeants français annoncent un taux de chômage calculé par l'INSEE de 11 % pour la fin 2013, il est clair qu'ils sont en retard d'une année ou alors d'un point puisque c'est plutôt autour des 12 % (selon les calculs de l'institut statistique européen Eurostat) que se situera le taux de chômage français dans un an.

Après les différences de croissance, de performances à l'exportation, de déficit public et de capacité à réformer, c'est désormais sur le front du chômage que l'Allemagne et la France font le grand écart. Une divergence dont on se serait bien passé, et qui confirme que la politique hexagonale d'augmentation des dépenses publiques était bien une erreur historique.

Bien entendu, pour se rassurer, il sera toujours possible de rappeler les niveaux vertigineux atteints par nos autres voisins eurolandais : 16,5 % au Portugal, 26,1 % en Espagne et, bien sûr, le nouveau record absolu de la zone euro, à savoir 26,8 % en Grèce.

Mais que la France ne dénigre pas trop ses partenaires du sud de l'Europe, car de tels taux de chômage existent déjà dans certaines zones de l'Hexagone ainsi que pour certaines catégories de la population française, en particulier les moins de vingt-cinq ans dont le taux de chômage a encore atteint un nouveau sommet à 27 % en décembre. Si celui-ci reste encore relativement loin des 38,3 % observés au Portugal, des 55,6 % de l'Espagne ou encore des 57,6 % de la Grèce, force est de constater qu'une société dans laquelle près de 30 % de ses jeunes n'ont pas d'emploi (sans compter évidemment les étudiants de longue durée) est une société en échec, voire en danger.

Face à ces réalités dramatiques, il est clair que les mesures annoncées dans la zone euro, et en France en particulier, seront incapables d'inverser la tendance. Tout au plus, les créations d'emplois aidés décidées par le gouvernement Ayrault permettront de limiter la casse. Mais, *in fine*, la situation s'aggravera, dans la mesure où les augmentations d'impôts ne manqueront pas d'alimenter la récession et de faire flamber le chômage. Cette évolution augmentera encore les déficits sociaux et, bien entendu, la dette publique.

## CHYPRE

Après l'Irlande, la Grèce, le Portugal, l'Espagne, l'Italie, et en attendant la France, un nouveau cas de grippe du surendettement est apparu dans la zone euro. Il s'agit de Chypre qui, devant le refus probable d'une aide de l'UEM, et notamment du « *Nein* » allemand, en est réduit à quémander l'aide de son autre grand partenaire, la Russie. Il faut dire que, depuis une dizaine d'années, ce petit pays eurolandais est devenu l'un des principaux paradis fiscaux des milliardaires russes. Après avoir recueilli Gérard Depardieu, la Russie est donc en train de devenir le saint-bernard des « parias » de l'UEM. Blague à part, à l'instar de la tempête grecque, cette nouvelle crise pourrait avoir des conséquences insoupçonnées sur l'avenir de la monnaie unique.

Petite île de 9 251 km², d'environ 1,1 million d'habitants et réalisant un PIB annuel de 17,5 milliards d'euros (soit seulement 0,18 % de celui de l'UEM), Chypre est la confirmation qu'une entrée dans la zone euro est loin d'être la panacée. Elle peut même constituer une erreur conséquente tant pour le pays en question que pour l'UEM dans son ensemble.

En effet, en intégrant l'euro le 1er janvier 2008, les Chypriotes pensaient certainement obtenir le sésame qui leur permettrait de s'engager sur le chemin de la prospérité durable et de traverser les crises potentielles sans difficulté. Malheureusement, il n'en a rien été. Pire, depuis 2008, Chypre a plongé dans une récession dramatique, subissant une baisse de son PIB réel de plus de 5 %. Encore aujourd'hui, le niveau de sa richesse est inférieur de quasiment 4 % à celui qui prévalait avant la crise.

Conséquence logique de cette bérézina, le taux de chômage chypriote s'est envolé, passant de 3,5 % mi-2008 à 14,7% en décembre 2012. Dans le même temps, le solde des comptes publics est passé d'un excédent de 3,5 % du PIB en 2007 à un déficit de 6,3 % en

2011. Et, même si des efforts d'assainissement ont été engagés en 2012, ce déficit ne parvient pas à passer sous les 5 %. Enfin, le ratio dette publique/PIB a aussi connu une montée vertigineuse, se hissant de 48,9 % en 2008 à près de 90 % l'an passé et au moins 97 % en 2013.

En juin 2012, Chypre a sollicité un plan de sauvetage auprès de l'Union européenne et annoncé en décembre 2012 qu'il lui manquait 17 milliards d'euros pour honorer ses engagements. En d'autres termes, l'île méditerranéenne est au bord du défaut de paiement. Le 21 décembre 2012, enfonçant le clou et ne faisant finalement qu'acter ce que tout le monde savait déjà, Standard & Poor's a abaissé (pour la troisième fois en cinq mois) de deux crans la note souveraine de Chypre, qui tombe à CCC +.

Bien entendu, si Chypre n'avait pas intégré la zone euro, elle aurait aussi subi la crise de plein fouet. Cependant, elle aurait pu utiliser l'arme du taux de change pour essayer de limiter les dégâts. Or, du fait de son appartenance à l'euro, elle n'a évidemment pas pu le faire et a dû, au contraire, subir les graves inconvénients d'une devise surévaluée. En d'autres termes, Chypre n'a eu ni le beurre ni l'argent du beurre de la zone euro, mais elle a dû en payer le prix fort.

Plus globalement, cet exemple confirme également la futilité, pour ne pas dire la stupidité, d'un élargissement à tout-va de l'UEM. En effet, cette dernière n'a de sens que si elle réunit des pays économiquement et socialement proches. Si tel n'est pas le cas, l'UEM devient alors un piège pour le pays qui ne correspond pas aux standards de l'Union. Ne l'oublions jamais : le taux de change est une arme indispensable pour soutenir la croissance et sortir des crises. À fortiori pour des petits pays fragiles. Si cette arme devient inutilisable, le pays en question s'enfoncera dans le marasme économique et la bulle de la dette ne pourra prendre fin qu'en passant par la case « explosion ».

Même si Chypre ne représente que 0,18 % du PIB eurolandais, elle pourrait donc bien constituer une nouvelle goutte d'eau qui, ajoutée à celles de la Grèce, du Portugal et aux verres d'eau espagnols et italiens, finirait par être fatale à l'UEM. Ce qui importe, ce n'est pas une zone euro large, mais une zone euro forte et crédible.

## Compétitivité

Depuis une bonne dizaine d'années, les gouvernements français ont multiplié les « tartes à la crème », faisant beaucoup de bruit pour pas grand-chose, voire pour rien du tout. L'une des dernières en date est sans conteste le débat autour de la compétitivité. En effet, un énième rapport a été commandé par les dirigeants du pays pour essayer de relancer ce dernier sur la voie de la compétitivité et de la croissance, ce qui lui permettrait de sortir définitivement de la crise de la dette publique. Ancien patron d'EADS, Louis Gallois a été le rédacteur de ce rapport. Comme ses nombreux prédécesseurs rédacteurs de rapports éminents, celui-ci a donc enfoncé des portes ouvertes, en soulignant que la France était un pays formidable (ce qui est vrai), aux infrastructures exceptionnelles, mais dans lequel les entreprises souffraient d'un problème de compétitivité, où le coût de la main-d'œuvre était trop élevé et où le marché du travail était trop rigide. Pour remédier à ces handicaps, il suffirait donc de réduire les charges qui pèsent sur les salaires et d'augmenter d'autres impôts, par exemple la TVA, la CSG ou encore la CRDS, tout en élevant certaines barrières protectionnistes.

Une fois encore, on se trompe d'ennemi et de stratégie. Comme dirait Einstein, en matière de compétitivité, comme ailleurs, tout est relatif. Ainsi, au risque d'en décevoir certains, je tiens à défendre que les entreprises françaises ne sont pas sous-compétitives. D'ailleurs, en dépit d'une croissance économique hexagonale de 1 % par an depuis une décennie et de 0 % depuis cinq ans, celles-ci réussissent à investir, innover, embaucher et même faire des profits.

En fait, nos entreprises nationales sont plus compétitives que leurs homologues allemandes ou américaines. En effet, que ce soit en Allemagne ou aux États-Unis, les pouvoirs publics mettent tout en œuvre depuis des années pour soutenir les entreprises et l'initiative privée : réduction des charges, diminution de l'impôt sur les sociétés, fluidification du marché du travail, favorisation du développement à l'export…

Bien loin de ces stratégies de bon sens, l'État français n'a cessé d'augmenter les contraintes, ainsi que les coûts fiscaux et réglementaires qui pèsent sur les entreprises hexagonales. Autrement dit, il suffirait que ces obstacles soient légèrement abaissés pour que nos entreprises fassent des étincelles. Ce ne sont donc pas ces dernières qui manquent de compétitivité mais l'économie française qui est sous-compétitive. Ne l'oublions pas, si les biens manufacturés allemands se vendent globalement mieux que ceux produits en France, ce n'est pas parce qu'ils sont moins chers, mais parce qu'ils sont de meilleure qualité et/ou de haute technologie, et/ou innovants, et/ou disposant d'une meilleure image. Voilà la bonne compétitivité.

Enfin, avant d'en arriver là, il existe d'ores et déjà une solution rapide pour retrouver une certaine dose de compétitivité, en l'occurrence le retour de l'euro vers un niveau normal. Il est effectivement paradoxal que le gouvernement se creuse la tête en réduisant de quelques dixièmes de point les charges qui pèsent sur les entreprises, alors que le maintien d'un euro trop fort ruine toutes les chances de regagner des parts de marché. En d'autres termes, si l'on veut vraiment augmenter la compétitivité des produits français, il faut, à court terme, retrouver un euro inférieur à 1,15 dollar et, à plus long terme, moderniser la structure économique nationale et favoriser l'innovation.

Une baisse de l'euro de 1,35 à 1,15 dollar rapporterait environ 25 milliards d'euros à l'économie française, soit bien plus que les usines à gaz réglementaires destinées à réduire les coûts qui pèsent sur les entreprises. La croissance en sortirait donc renforcée et le chemin de la réduction du chômage, des déficits et de la dette serait enfin emprunté. De quoi redorer le blason de notre économie, renforçant par là même sa compétitivité et l'installant ainsi dans un cercle vertueux durable.

## Contrôle des changes

Lorsque l'on évoque la dépendance des pays eurolandais à l'égard des investisseurs internationaux, il pourrait être tentant de penser qu'en restaurant le contrôle des changes, on s'affranchirait du pouvoir de ces derniers. C'est, par exemple, ce qu'avait décidé le gouvernement français lors de la relance de 1981. De la sorte, il était toujours possible d'investir depuis l'étranger vers la France, mais pas l'inverse. Les flux d'investissement de l'Hexagone vers le reste du monde devaient être autorisés par la Banque de France. La différence avec la situation actuelle est que, à l'époque, les mouvements internationaux de capitaux étaient encore relativement faibles. En outre, plus de 80 % de la dette publique française était détenue par des investisseurs nationaux. Le contrôle des changes était alors plus symbolique que prohibitif.

De nos jours, la situation est bien différente. Tout d'abord, si la France veut continuer de respecter les pactes européens et les règles de l'OMC, il lui est interdit de pratiquer un contrôle des changes. Si elle le faisait, elle s'exclurait *de facto* de la zone euro. De plus, souvenons-nous que plus de 65 % de la dette publique française sont actuellement détenus par des investisseurs étrangers. Interdire la sortie des capitaux du territoire national reviendrait donc à se priver d'une large partie du financement de notre dette. Ce qui se traduirait par une forte augmentation des taux d'intérêt, d'où une nouvelle phase de récession, d'augmentation du chômage, des déficits publics, de la dette...

Si le contrôle des changes est parfois avancé comme remède à la crise de la dette, il en constituerait au contraire un accélérateur terrifiant.

## Crédibilité

Dans un monde dominé par l'image, et où les réactions des marchés sont de plus en plus rapides, la moindre déclaration déplacée ou mal perçue peut avoir des conséquences dramatiques. À fortiori si son auteur souffre d'un problème de crédibilité. À l'inverse, un dirigeant politique ou institutionnel qui a su montrer qu'il était digne de confiance peut, par sa simple parole, influencer l'évolution des comportements et des marchés financiers. Ainsi, lors du début de la crise grecque, fin 2009, il aurait suffi que l'Allemagne affirme qu'elle soutiendrait coûte que coûte la Grèce pour que l'incendie soit circonscrit. Malheureusement, Angela Merkel en a décidé autrement et a annoncé que l'Allemagne n'avait pas subi dix ans de sacrifices pour payer les gaspillages et les dérapages grecs. Il n'en a pas fallu plus pour enclencher une crise sans précédent qui est toujours loin d'être résolue.

Réciproquement, lorsque des acteurs économiques peu crédibles prennent la parole non seulement ils ne sont pas pris au sérieux, mais, surtout, ils dégradent leur image et ruinent leur chance d'obtenir ce qu'ils souhaitent.

Trois événements récents, à priori très éloignés les uns des autres, ont illustré ce type de désastre : à savoir, les nouveaux accords sur la dette grecque, le dossier Florange-Mittal et le capharnaüm géant qui a secoué l'UMP. Aussi bizarre que cela puisse paraître, ces trois événements ont bien été reliés par un fil commun, le manque de crédibilité.

En ce qui concerne le front grec, tout d'abord, il faut certes reconnaître que le énième plan de sauvetage arraché de justesse le 27 novembre constitue une bonne nouvelle. En fait, que ce soit pour l'UEM, le FMI ou la Grèce, il n'existait pas d'autre possibilité que de s'entendre. Un échec aurait immanquablement ravivé les tensions économico-sociales grecques et replongé la zone euro dans une nouvelle crise existentielle. Ainsi, au travers de plusieurs arrangements et artifices comptables, la Grèce va bénéficier d'une nouvelle aide de 44 milliards d'euros. Cela porte désormais à environ 260 milliards d'euros le soutien financier accordé à la Grèce depuis 2010, soit près de 70 milliards d'euros de plus que le PIB grec. Au cours de ces cinq années de crise, ce dernier a effectivement chuté de 14 % en valeur et de 21 % en volume (c'est-à-dire hors inflation). À prix courants, le PIB par habitant est même passé de 21 000 euros au début 2008 à 16 900 aujourd'hui.

À ceux qui pourraient se plaindre de l'aide apportée à nos partenaires hellènes, ces chiffres montrent combien la destruction de richesses en Grèce a été dramatique. C'est d'ailleurs bien là que réside le problème principal des différents plans de sauvetage. Car ceux-ci, y compris le dernier, font l'impasse totale sur la clé de la sortie de crise, à savoir le retour de la croissance. Évidemment, comme tous ses prédécesseurs, l'accord du 27 novembre annonce que la croissance va redémarrer dans les prochains mois. De la sorte, le ratio dette publique/PIB pourra tomber à 110 % d'ici 2022. Allons, mesdames, messieurs les dirigeants de la zone euro, du

FMI et de la Grèce, soyez un peu sérieux ! Le *Wishful thinking* (en français : « prendre ses désirs pour la réalité ») que vous pratiquez depuis cinq ans n'est absolument plus crédible ! Finalement, les différents plans de sauvetage ont seulement permis de colmater les brèches. Au mieux d'éteindre une partie de l'incendie, mais tout en maintenant des braises incandescentes et « réactivables » au moindre coup de vent. Aussi, plutôt que d'engager une telle stratégie coûteuse et peu efficace, il serait bien plus opportun d'agir en amont, avant que l'incendie ne se déclenche.

Pour être clair, tant que l'euro ne passera pas sous 1,15 dollar, que la BCE n'achètera pas de la dette publique en direct pour les pays qui le méritent, et qu'un plan d'investissement significatif ne sera pas engagé, la Grèce et la zone euro ne pourront pas retrouver le chemin d'une croissance durablement soutenue et ne pourront donc pas sortir de la crise. Cette dernière n'est d'ailleurs plus seulement financière et économique, elle est devenue sociale. Cette situation chaotique et extrêmement dangereuse pour la stabilité politique n'est pas l'apanage de la Grèce ou du sud de l'Europe, elle est en train de se généraliser à l'ensemble des pays de la zone euro, y compris la France.

C'est en cela que les déclarations du ministre du Redressement productif lors de « l'affaire Florange-Mittal » font froid dans le dos. En effet, alors que la France tombe en récession, qu'elle peine à garder un semblant de tissu industriel et que sa crédibilité internationale est battue en brèche, M. Arnaud Montebourg se permet de déclarer qu'il ne veut plus de Mittal dans l'Hexagone et que la France est désormais prête à lancer un mouvement de nationalisation en cas de besoin. Au-delà du drame humain de Florange et des tensions Montebourg-Mittal, et en dépit des nuances apportées par le Premier ministre, ces déclarations à l'emporte-pièce pourraient être lourdes de conséquences pour l'avenir de l'économie française. Si le gouvernement Ayrault commence à faire la guerre aux entreprises internationales, elles risquent de réduire la voilure dans notre douce France, avec fermetures de sites et destructions d'emplois à la clé. Car le problème ne doit pas se résumer à une guerre de déclarations ou à des problèmes d'ego : la question essentielle porte sur l'emploi et le chômage. À l'heure où ce dernier progresse et devrait continuer de le faire au moins jusqu'à la fin 2013, la France ne peut pas se permettre le luxe de subir une nouvelle vague de baisse de l'investissement productif. Elle ne s'en remettrait pas. Dix jours après la couverture de *The Economist* (représentant la France comme une bombe à retardement pour l'Europe), une semaine après la nouvelle dégradation de la dette française, le dérapage de M. Montebourg a donc altéré le peu de crédibilité qui restait à la France.

Cerise empoisonnée sur le gâteau, le psychodrame de l'UMP n'a pas arrangé les choses. En effet, au lieu de rebondir sur les couacs gouvernementaux pour montrer qu'une autre voie était possible afin de sortir la France de la méfiance et de la récession, ce grand parti politique s'est lancé dans une guerre intestine destructrice. Il a ainsi montré que, pour ses dirigeants, les ego et les querelles de clochers passaient avant la résolution des graves questions économiques et financières nationales.

Au-delà du caractère ubuesque de ces évolutions, ce double jeu de massacre (Montebourg + UMP) profite malheureusement aux partis extrémistes. D'abord à l'extrême gauche, galvanisée par les discours de Montebourg, qui ne viennent finalement que mettre de l'huile sur le feu sans résoudre les problèmes de fond. Ensuite, en dépit d'accords obtenus à l'arrachée, l'affaiblissement de l'UMP ne manquera pas de grossir les rangs du Front national, qui en appelle bien sûr au retour du protectionnisme agressif et à la fin de la zone euro. Est-ce vraiment cela que nous souhaitons léguer à nos enfants ? Une UEM et une France en récession durable, avec un chômage structurellement élevé, des tensions sociales et sociétales de plus en plus graves et une situation politique instable ?

Après avoir déjà perdu beaucoup trop de temps par dogmatisme et à cause d'une propension au maquillage de la vérité, il est donc urgent de retrouver rapidement le chemin du bon sens et de la crédibilité économico-politique. Que ce soit au niveau de la zone euro, du FMI ou des dirigeants politiques français, un seul mot d'ordre doit désormais s'imposer : tout faire pour renouer avec la croissance et enfin sortir de la crise. C'est à ce prix que la France retrouvera un minimum de crédibilité sur la scène économique internationale.

## Crise sociale

Les dirigeants politiques et monétaires de la zone euro, des États-Unis ou encore du Japon se veulent de plus en plus formels : la situation économique est sous-contrôle et la crise est bientôt finie. À les écouter, les dernières décisions de la Fed, de la BCE et de la Banque du Japon sont sur le point de mettre un terme définitif à la tempête qui secoue la sphère économico-financière depuis plus de cinq ans. En injectant de plus en plus de liquidités dans le circuit, les autorités monétaires devraient parvenir à éteindre l'incendie de la récession. Grâce à autant de cash dans l'économie, cette dernière devrait ainsi retrouver le chemin de la croissance forte, de manière à inverser la courbe du chômage d'ici l'automne, à réduire les déficits publics et à sortir définitivement de la spirale de la dette…

Ah ! qu'il est apaisant d'entendre un tel discours ! Seulement voilà, n'en déplaise à tous ces « diseurs de bonne aventure », la situation effective est bien plus compliquée. Certes, les injections de liquidités et les relances budgétaires engagées en 2009 ont bien permis d'éviter le retour de la crise de 1929. Pour autant, elles sont devenues quasi inefficaces. En effet, la récession de 2009 était en grande partie due à un mouvement de panique né de la faillite de Lehman Brothers, et plus globalement des excès des marchés financiers des années 2006-2007. Les robinets du crédit avaient alors été fermés, réduisant la consommation et l'investissement, tout en créant par là même un risque de déflation, c'est-à-dire d'excès d'offre par rapport à la demande. La relance de 2009 a alors permis de réduire cet écart, en relançant la croissance qui a même atteint 5,1 % au niveau mondial en 2010.

Malheureusement, cette relance a engendré de nombreux effets pervers. Tout d'abord, elle a encore aggravé des déficits budgétaires et des dettes publiques déjà très élevés. Ensuite, elle a incité la BCE à augmenter son taux de refinancement des banques (dit taux refi). L'euro s'est alors apprécié de façon inappropriée, suscitant une baisse du dollar et un mouvement de repli des flux financiers vers les marchés des matières premières, dont les cours ont bondi. La zone euro a subi une double peine : une devise surévaluée et une flambée des prix des matières premières. Tout juste sortie de la récession, elle a donc dû y replonger. Dès lors, elle s'est trouvée dans l'incapacité de financer ses déficits et même d'assurer le simple paiement des intérêts de la dette publique.

Au lieu de réagir vite et efficacement, les autorités monétaires et politiques eurolandaises ont préféré jouer la montre, jetant régulièrement de l'huile sur le feu : nouvelle augmentation du taux refi, déclaration virulente des dirigeants allemands à l'égard des pays d'Europe du Sud, appelés pour la circonstance « pays du club Med » ou « *PIGS* » (qui signifie « cochons » : *Portugal Italy Greece Spain*), immobilisme français… En laissant la situation s'enliser, les dirigeants eurolandais ont ainsi transformé une crise économique en crise sociale. Car si une récession peut être digérée et supportée sans trop de dégâts, deux récessions en trois ans sont insupportables. D'un point de vue psychologique mais surtout social. La double récession a suscité une flambée du chômage dans la quasi-totalité des pays eurolandais. Ce drame humain touche principalement les moins de vingt-cinq ans, qui subissent des taux de chômage vertigineux (*cf.* chômage). On imagine alors avec effroi quels doivent être les niveaux de chômage des jeunes dans les quartiers défavorisés. Face à un tel marasme et à la précarité des perspectives pour la jeunesse de ces pays, les risques de tensions, voire d'émeutes, augmentent dangereusement. Même les États-Unis, avec un taux de chômage de 7,8 % et une pauvreté grandissante, ne sont pas à l'abri du désordre social.

Prenant enfin conscience de la gravité de la situation, les autorités monétaires ont alors réagi. Par la parole dans la zone euro et par le geste outre-Atlantique et au Japon. Ces tentatives de la dernière chance risquent néanmoins de s'avérer vaines, en particulier aux États-Unis et dans l'archipel nippon où la « trappe à liquidités » s'est installée. En effet, il ne sert à rien d'injecter du cash dans l'économie ou de prêter aux banques et/ou aux États à bon compte, si les entreprises et les ménages ont perdu confiance. À cause de cette défiance, les sommes mises à disposition iront grossir les bas de laine ou encore alimenter la spéculation sur les marchés des matières premières. Or, si les cours de ces dernières augmentent encore, le pouvoir d'achat se dégradera davantage, nourrissant le manque de confiance, et entretenant ainsi la faiblesse de l'investissement et de la consommation. Une nouvelle vague d'accroissement du chômage s'ensuivra et le cercle pernicieux continuera.

Pour casser cette spirale infernale, les pays enlisés dans la crise sociale ont besoin d'un électrochoc, une prise de conscience qui imposera aux dirigeants politiques et monétaires de devenir enfin pragmatiques, et qui permettra également aux populations de retrouver l'espoir. Cette nécessité est d'autant plus forte dans l'Hexagone où la faiblesse de la culture économique et l'exacerbation de la lutte des classes ont empêché le pays de moderniser ses structures. Encore plus grave : ce manque de réalisme est tel que les Français ne pourraient supporter une forte récession. Face à l'adversité, les « instincts animaux » pourraient prendre le dessus, ce qui multiplierait les comportements « antisociaux ».

Plus que jamais, il est urgent de faire de la pédagogie et d'apaiser les rancœurs. Les Français seront certainement prêts à faire des sacrifices, pour peu qu'on leur dise la vérité et que la puissance publique montre l'exemple. Et ce, notamment en réduisant les dépenses de fonctionnement qui, je le rappelle, ont augmenté de 100 milliards d'euros au cours de la dernière décennie. Cela devra aussi passer par la garantie de la sécurité économique, fiscale, et physique des citoyens et des entreprises, qui pourront alors consommer, investir et embaucher sans retenue. Mais si tel n'est pas le cas, alors la crise sociale s'amplifiera, le fossé entre les Français et leurs « élites » se creusera, les tensions s'intensifieront et le désordre s'imposera.

## Croissance

C'est pour certains le graal absolu, l'élixir de jouvence, la clé de la réussite. Derrière ce terme de croissance, qui fait presque figure de symbole phallique, se cache tout simplement la progression annuelle du PIB, c'est-à-dire de la richesse créée par un pays chaque année. Sauf mention contraire, cette variation est toujours mesurée en volume, c'est-à-dire hors inflation. Bien sûr, comme nous l'avons vu lors de l'explication du terme BIB, la croissance n'est pas une fin en soi. Elle permet simplement de créer plus d'emplois, de revenus, de bien-être et surtout de rembourser les intérêts de la dette publique.

Pour d'autres, bien loin de ces considérations « terre à terre », la croissance constitue au contraire le mal absolu : l'origine des guerres, de la pollution, de la destruction de l'écosystème… Dès lors, le salut devrait passer par la décroissance.

Très sympathique sur le papier ou dans les discours de Nicolas Hulot, cette théorie pèche au moins sur deux plans. D'une part, s'il est à la rigueur possible d'imposer la décroissance aux pays riches, comment en faire de même pour les pays pauvres ? Cela se traduirait par une inégalité dramatique : nous, les pays riches, aurions eu le droit de croître sans retenue, mais cela serait interdit aux pays pauvres ou en voie de développement : inacceptable. D'autre part, même pour les pays développés, la décroissance signifie la baisse de l'emploi, donc l'augmentation du chômage, la chute des revenus, sans oublier l'impossibilité de rembourser les intérêts de la dette publique. Sans croissance, la bulle de la dette deviendra rapidement explosive et se terminera justement par des conflits économico-politiques, des crises sociales et certainement des guerres.

Sans tomber dans le fétichisme de la croissance, le bon sens nous impose de réussir à générer une croissance suffisamment forte pour régler les intérêts de nos dettes, pour créer des emplois et assurer la paix sociale.

Sans croissance, la crise de la dette ne pourra que s'aggraver. D'où une question simple : comment fabrique-t-on de la croissance ? Si, à l'instar du gouvernement français, on imagine qu'il suffit d'augmenter les dépenses publiques pour y parvenir, alors on se met le doigt dans l'œil : cela fait plus de trente ans que la France utilise cette stratégie, avec les piètres résultats que l'on sait.

Non, en fait il y a quatre principaux moyens de générer de la croissance. Les deux premiers agissent à court terme. À savoir, d'une part, l'obtention d'un niveau normal, voire accommodant, de la devise et, d'autre part, la baisse de la pression fiscale, du moins si cette dernière est trop élevée, comme cela est par exemple le cas aujourd'hui en France.

Les deux autres moyens agiront sur le plus long terme, améliorant ainsi la croissance structurelle, c'est-à-dire celle obtenue lors d'un fonctionnement normal de l'économie. En d'autres termes : le rythme de croisière de la croissance. Pour augmenter ce dernier, il faut donc engager une révolution technologique et réduire les rigidités qui pèsent sur le fonctionnement de l'économie, et notamment sur le marché du travail.

Ce sont là les seuls moyens de redorer le blason d'une croissance terne, en particulier dans les pays de la zone euro. Bien entendu, il ne s'agit pas de comparer les performances des pays développés avec celles des pays émergents. Ces derniers bénéficiant d'un potentiel de rattrapage conséquent, il est normal que leur croissance soit forte. Cela ne fait que compenser le retard accumulé. En passant, il faut noter qu'un pays émergent avec une croissance faible constitue une véritable anomalie qui est souvent due à des problèmes politiques et/ou sanitaires, et/ou guerriers.

Si l'on veut donc raisonnablement jauger la faiblesse de la croissance des pays de la zone euro, il faut la comparer à celle des pays économiquement proches, et plus précisément des pays de l'OCDE. Pour affiner la comparaison et mesurer la résilience ou non de l'ensemble de ces pays, il paraît alors opportun d'observer leurs performances en période difficile, et notamment depuis la crise de 2008.

Ainsi, de 2008 à 2012, le tableau de la croissance annuelle moyenne des trente-cinq pays de l'OCDE est le suivant (Attention, il ne va pas plaire à tout le monde !) :

| | | |
|---|---|---|
| 1 | Singapour | 4,5 % |
| 2 | Israël | 3,6 % |
| 3 | Corée du Sud | 3,1 % |
| 4 | Taïwan | 3,0 % |
| 5 | Hong-Kong | 2,7 % |
| 6 | Australie | 2,4 % |
| 7 | Slovaquie | 2,2 % |
| 8 | Malte | 1,5 % |
| 9 | Suisse | 1,2 % |
| 10 | Canada | 1,1 % |
| 11 | Suède | 1,1 % |
| 12 | Allemagne | 0,8 % |
| 13 | Norvège | 0,7 % |
| 14 | Autriche | 0,7 % |
| 15 | États-Unis | 0,6 % |
| 16 | Nouvelle-Zélande | 0,6 % |
| 17 | Belgique | 0,5 % |
| 18 | République Tchèque | 0,4 % |
| 19 | Chypre | 0,2 % |
| 20 | Pays-Bas | 0,1 % |
| **21** | **France** | **0,0 %** |
| 22 | Luxembourg | 0,0 % |
| 23 | Japon | –0,1 % |
| 24 | Finlande | –0,4 % |
| 25 | Royaume–Uni | –0,6 % |
| 26 | Islande | –0,7 % |
| 27 | Danemark | –0,8 % |

| | | |
|---|---|---|
| 28 | Espagne | –0,9 % |
| 29 | Slovénie | –1,0 % |
| 30 | Estonie | –1,1 % |
| 31 | Portugal | –1,2 % |
| 32 | Irlande | –1,3 % |
| 33 | Italie | –1,3 % |
| 34 | Grèce | –4,0 % |
| 35 | Saint–Marin | –5,3 % |
| | | |
| | Zone euro | –0,2 % |

Et oui, quelques chiffres sont parfois bien plus significatifs que de longs discours. Que ce soit avec la crise des *subprimes*, celle qui a suivi la faillite de Lehman Brothers ou celle de la dette publique, les pays les plus affectés demeurent ceux de l'Union européenne. Et, malheureusement, le problème est loin d'être résolu, puisque, en 2013, la zone euro restera la « voiture-balai » de la croissance mondiale, comme cela s'observe depuis dix ans.

En effet, depuis 2002, le tableau des performances de la croissance annuelle moyenne des pays de l'OCDE est tout aussi déprimant :

| | | |
|---|---|---|
| 1 | Singapour | 5,9 % |
| 2 | Slovaquie | 4,6 % |
| 3 | Hong-Kong | 4,3 % |
| 4 | Taïwan | 4,2 % |
| 5 | Corée du Sud | 4,0 % |
| 6 | Estonie | 3,9 % |
| 7 | Israël | 3,6 % |
| 8 | Australie | 3,0 % |
| 9 | République Tchèque | 2,9 % |

| | | |
|---|---|---|
| 10 | Luxembourg | 2,4 % |
| 11 | Suède | 2,3 % |
| 12 | Islande | 2,2 % |
| 13 | Irlande | 2,2 % |
| 14 | Nouvelle-Zélande | 2,2 % |
| 15 | Slovénie | 2,1 % |
| 16 | Chypre | 2,0 % |
| 17 | Canada | 1,9 % |
| 18 | Malte | 1,9 % |
| 19 | Suisse | 1,7 % |
| 20 | Finlande | 1,7 % |
| 21 | États-Unis | 1,7 % |
| 22 | Autriche | 1,7 % |
| 23 | Norvège | 1,6 % |
| 24 | Espagne | 1,4 % |
| 25 | Royaume-Uni | 1,4 % |
| 26 | Belgique | 1,4 % |
| 27 | Pays-Bas | 1,1 % |
| 28 | Allemagne | 1,1 % |
| **29** | **France** | **1,0 %** |
| 30 | Japon | 0,8 % |
| 31 | Danemark | 0,6 % |
| 32 | Grèce | 0,4 % |
| 33 | Italie | 0,0 % |
| 34 | Portugal | 0,0 % |
| 35 | Saint-Marin | –0,7 % |
| | | |
| | Zone euro | 1,0 % |

Certes, sur cette longue période, il n'y a quasiment pas de résultat négatif (heureusement d'ailleurs !), mais la performance moyenne de la zone euro est de seulement 1 %. Celle de la France est identique, soit une place peu enviable de vingt-neuvième sur trente-cinq.

À l'évidence, pour ceux qui croient encore que la France et la zone euro représentent des modèles en matière de développement économique, il faut vite redescendre sur terre.

# D

## Debt deflation

C'est la catégorie de crise de la dette la plus grave, c'est-à-dire celle qui allie une bulle de la dette et une phase de déflation, donc de baisse des prix. Cette dernière génère trois principaux effets pernicieux. Le premier est d'aggraver le coût réel de la dette. Ce dernier se mesure par le taux d'intérêt que l'on paie sur sa dette, duquel on soustrait l'inflation. Plus l'inflation est élevée, plus le taux réel est faible et plus le coût de la dette se réduit. À la rigueur, lorsque le taux d'inflation est supérieur au taux d'intérêt, le taux réel est négatif et le coût de la dette est supporté par l'inflation. S'endetter revient donc à s'enrichir. À l'inverse, lorsque le taux d'inflation est négatif (nous sommes donc en déflation), le taux réel augmente, rendant de plus en plus difficile le remboursement de la dette.

C'est alors qu'intervient le deuxième effet pernicieux de la déflation. En effet, cette dernière est généralement engendrée par une situation d'excès d'offre par rapport à la demande. Or, si tel est le cas, l'offre, c'est-à-dire la production, s'ajuste à la baisse. Cela se traduit immanquablement par des destructions d'emplois, donc un affaissement des revenus, ce qui réduit encore la faculté des ménages à rembourser leurs emprunts.

D'où le troisième vice de la déflation, car si le coût de la dette augmente et que les revenus baissent, les acteurs économiques sont contraints de vendre leurs biens pour essayer de rembourser leurs emprunts. Ceci se traduit par une augmentation de l'offre, donc une aggravation de la déflation…

C'est exactement cette situation qui a prévalu lors du krach de 1929 et qui prévaut depuis une vingtaine d'années au Japon. Pire, plus la crise de la dette s'installe en Europe, plus les pays européens y répondent par une rigueur bête et méchante, plus les risques de déflation augmentent et plus la *debt deflation* se rapproche dangereusement. Et, comme nous l'ont montré les catastrophes des années 1930 ou le marasme japonais des deux dernières décennies, lorsque la *debt deflation* commence, elle peut durer plus de vingt ans.

## Dépenses publiques

Oui, un pays développé comme la France a besoin d'un État fort et de dépenses publiques importantes. Ces dernières doivent effectivement permettre d'assurer la sécurité du pays, de ses citoyens, de mettre en place une justice efficace, un système éducatif performant, le tout en garantissant une croissance économique durablement forte, un chômage faible, une réduction de la pauvreté et des inégalités. Si la dépense publique parvient à tout cela, alors elle est non seulement justifiée, mais également indispensable.

Relevons-nous ce défi aujourd'hui dans l'Hexagone ? Sans vouloir jouer les Cassandre, nous en sommes loin. Certes, nos infrastructures routières, ferroviaires, portuaires et aériennes sont exceptionnelles. Certes, l'école est gratuite, du moins jusqu'au Bac. Certes, le système de santé est plutôt performant.

Toutefois, depuis dix ans et à fortiori depuis cinq ans, nos « performances » économiques et sociales ont été déplorables. La croissance française n'a jamais été aussi faible. Le taux de chômage ne cesse de croître. La sécurité intérieure laisse de plus en plus à désirer. L'ascenseur social est bloqué au rez-de-chaussée depuis des années. L'égalité des chances à l'école et devant la maladie est loin d'être assurée. Le nombre de Bac +5 sans emploi devient affolant… Autant de piètres résultats malgré une débauche de moyens publics impressionnants. Ainsi, le poids de nos dépenses publiques dans le PIB atteint 56,3 %, contre 52,6 % en 2007. À l'exception du Danemark (avec un niveau de 58 %), aucun pays européen n'arrive à un tel sommet.

Loin de ces niveaux, la part des dépenses publiques dans le PIB atteint 49,3 % pour l'ensemble de la zone euro, 44,9 % en Allemagne, 42,7 % en Espagne. Même la Grèce a réduit la voilure, avec un niveau de 50 % en 2012, contre 54 % en 2009. Au niveau mondial, sur les 188 pays recensés par le FMI, seuls quatre font « mieux » que le Danemark et la France : l'Irak, les îles Kiribati, le Lesotho et la Monarchie des Tuvalu…

Bref, la France est bien le seul grand pays de la planète à s'engager dans une augmentation maladive de ses dépenses publiques, et ce, sans parvenir à améliorer sa croissance. De la sorte, elle enregistre un déficit permanent, qui accroît continuellement la dette publique. Il est grand temps d'arrêter les dégâts.

## Dette publique

Lorsque l'on observe l'évolution récente de la dette publique des pays européens et en particulier celle de la France, une question revient souvent : comment en est-on arrivé là ? Autrement dit, comment la dette publique française a-t-elle pu passer de 20 % du PIB en 1980 à 59 % au milieu des années 1990 et à plus de 90 % en 2012 ? L'évolution de ce ratio est encore plus inquiétante depuis quelques années : 64,2 % en 2007, 79 % en 2009, 86 % en 2011 et certainement 100 % en 2013. Et encore, par convention comptable, la dette publique française (comme ses homologues européennes d'ailleurs) n'intègre pas le « hors-bilan », c'est-à-dire le paiement des retraites des fonctionnaires. Si tel était le cas, nous serions plutôt autour des 130 % du PIB.

En monnaies sonnantes et trébuchantes, le choc est encore plus effroyable. De 92 milliards d'euros en 1980, la dette publique a atteint 515 milliards en 1993, 1 000 milliards en 2003 et sera d'au moins 2 000 milliards en 2013 ! Bien sûr, entre-temps, les prix ont également progressé de 172 %. Toujours est-il que de 1980 à 2013, la dette publique française a explosé de 2 073 % en valeur et de 1 901 % en volume (c'est-à-dire sans inflation). De quoi donner le vertige...

Comment, en si peu de temps, la France a-t-elle pu passer d'une dette relativement normale à une dette aussi explosive ?

La réponse est malheureusement simple. La dette publique n'est que le cumul des déficits publics annuels. Plus ces derniers augmentent, plus la dette flambe. À partir du moment où la croissance économique ne suffit pas à rembourser les intérêts de la dette, alors cette dernière devient cumulative et auto-entretenue. Et encore, il faut noter que, dans son malheur, la France a bénéficié d'un atout incroyable, en l'occurrence des taux d'intérêt bas pour les obligations du Trésor. Lorsque ces derniers remonteront, ce qui se produira inévitablement en 2013, l'écart entre la croissance et la charge d'intérêts de la dette s'agrandira et la bulle de la dette deviendra encore plus explosive. Eh oui ! avec la dette publique, c'est un peu comme avec un célèbre liquide vaisselle jaune : « *Quand il n'y en a plus, il y en a encore...* »

Le seul moyen de stopper l'hémorragie puis d'inverser la tendance serait déjà de restaurer une croissance durablement forte et ensuite d'obtenir un excédent des comptes publics. Seulement voilà, la dernière fois que la croissance française a été forte pendant plus de deux ans remonte aux années 1998-2000. Ce « phénomène » relativement court n'a pas permis de retrouver le chemin de l'équilibre budgétaire. C'est bien là que réside le mal principal de la puissance publique française : elle ne sait produire que des déficits sans réussir à relancer la croissance et à faire baisser le chômage. Le dernier excédent des comptes publics remonte à 1974.

Aujourd'hui encore, en dépit d'autant d'années de déficits sans croissance et de gaspillage des deniers publics, le gouvernement français n'a aucunement l'intention de renverser la vapeur. Plus grave, de nombreux Français jugent ce comportement normal.

Il est donc urgent de réagir. Non, une dette publique de 100 % du PIB n'est pas acceptable ! Non, une croissance économique structurellement inférieure à la charge d'intérêts de la dette publique n'est pas supportable ! Non, il n'est pas sérieux et responsable de laisser encore filer la dépense publique et de se contenter d'augmenter les impôts !

Tant que nos dirigeants n'auront pas compris ces éléments de bon sens, la crise de la dette publique enflera. À ce rythme, cette dernière atteindra aisément les 2 500 milliards d'euros en 2017. Dans ces conditions, l'économie française ne connaîtra pas de rebond et les crises sociales et sociétales deviendront notre quotidien.

## Deux mille douze, année de la « *loose* »

Lorsqu'au début de l'année 2012, j'écrivais ici et là que cette dernière risquait d'être l'année de la « *loose* », en particulier pour la zone euro, je n'étais malheureusement pas loin du compte. En effet, si la croissance mondiale n'a ralenti que modérément (atteignant un niveau d'environ 3,3 %, contre 3,8 % en 2011 et 5,1 % en 2010), c'est principalement grâce à la résistance des pays émergents, Chine en tête. Bien loin des scénarios catastrophes qui lui sont régulièrement prédits, l'Empire du Milieu a contrôlé son ralentissement, de manière à éviter la surchauffe, tout en restant loin du *hard landing* (atterrissage en catastrophe). Après avoir atteint 10,5 % en 2010 et 9,2 % en 2011, la croissance annuelle chinoise a réalisé une performance très honorable de 7,8 % en 2012. Sa contribution à la progression du PIB mondial a ainsi été de 1,1 point, soit exactement un tiers.

Depuis 1980, le PIB chinois réel (c'est-à-dire hors inflation) n'a pas connu une seule année de baisse et a progressé de 9,9 % en moyenne chaque année. Au cours de cette période, sa part dans le PIB mondial (en parités de pouvoir d'achat) est passée de 2,2 % à 15 %. À titre de comparaison, celle du PIB américain a reculé de 24,6 % à 19 %, celle du PIB japonais a baissé de 8,8 % à 5,5 % (après un pic à 10,2 % en 1991), mais celle du PIB de la zone euro s'est effondrée de 22,8 % à 13,5 %.

Malheureusement, l'année 2012 a enfoncé le clou. Certes, grâce à la politique ultra-accommodante de la Fed et à un dollar de combat, les États-Unis ont sauvé les meubles en réalisant une croissance de 2,2 %. C'est d'ailleurs grâce à ce coup de pouce que Barack Obama a été le premier président américain (depuis Roosevelt) réélu dans un contexte de taux de chômage élevé (en l'occurrence 7,9 % au moment des élections). Dans le même temps, en dépit d'un fort accès de faiblesse au troisième trimestre 2012, le Japon a résisté tant bien que mal, réalisant une croissance d'environ 1,8 %

sur l'ensemble de l'année. Après la catastrophe nucléaire et humanitaire de 2011, ce résultat demeure appréciable, même s'il reste évidemment insuffisant pour faire oublier que le Japon est enlisé dans une déflation qui dure depuis vingt ans.

Mais si la bonne tenue de la croissance américaine et la résistance de l'économie japonaise ont permis de soutenir le monde développé, il n'en a rien été de la zone euro. Et pour cause, cette dernière s'est encore illustrée négativement en subissant une baisse de son PIB d'environ 0,4 %. En fait, l'UEM est la seule grande zone de la planète à avoir replongé dans la récession en 2012. Crise de la dette publique, euro trop fort, politique fiscale trop restrictive, dépenses publiques inefficaces, tous les ingrédients de la « *loose* » étaient donc bien présents et la recette a tristement fonctionné.

Certes, comme chaque année depuis 2009, les Européens ont multiplié les sommets de la dernière chance, censés sauver définitivement les pays en difficulté. Il y en a encore eu trois en 2012. Mais, comme d'habitude, derrière les sourires convenus et les messages de satisfaction, la crise de la dette publique et plus globalement celle de la zone euro continuent de faire des ravages. En effet, tant qu'une croissance forte et durable ne sera pas restaurée, ces deux crises ne pourront prendre fin.

Fort heureusement, dans ce sombre panorama franco-eurolandais, il existe une lueur d'espoir : l'avènement d'une politique un peu plus pragmatique de la Banque centrale européenne. Certes, on n'efface pas douze ans de dogmatisme maladif et destructeur en quelques mois. Toujours est-il que, depuis son accession à la présidence de la BCE, Mario Draghi a su convaincre la planète qu'il était encore possible de sauver la zone euro.

Mais attention, il ne faudrait pas crier victoire trop vite. D'ailleurs, plus l'UEM paraît sauvée, plus l'euro/dollar s'apprécie et plus les chances de sortir de la récession s'amenuisent. Dès lors, les déficits publics et la dette des États reprendront très vite le chemin de la hausse et il faudra réaliser un énième sommet de la dernière chance, dont la principale conséquence sera seulement de gagner quelques mois. Pendant ce temps, les États-Unis resteront installés sur un rythme de croissance de 2,2 % et les pays émergents continueront de marquer des points et de conforter leur nouveau rôle de locomotive de l'économie mondiale.

C'est d'ailleurs certainement là que réside le caractère le plus exceptionnel de l'année 2012 car, pour la première fois dans l'Histoire, la part des pays développés dans le PIB mondial est passée sous les 50 %, à 49,8 % précisément. Ceux-ci ne sont donc plus les maîtres du monde économique, rôle désormais assuré par les pays dits émergents. À l'évidence, ça calme

## Deux mille treize, année de la braise ?

Au cours des cinq dernières années, la planète économico-financière a été particulièrement chahutée. En 2008, ce fut le début de la crise ; en 2009, la récession mondiale ; en 2010, la reprise ; en 2011, le grand gâchis ; et, enfin, en 2012, la rechute, en particulier de la zone euro. Face à tant de rebondissements et à une crise qui dure finalement depuis plus de cinq ans, la question est de savoir si 2013 sera enfin l'année de la sortie du tunnel. Si l'envie ne manque pas de répondre par l'affirmative, il faut malheureusement reconnaître que les dangers qui pèsent sur cette année sont encore trop nombreux pour retrouver le chemin de l'enthousiasme.

Certes, comme on l'a observé de 2010 à 2012, les pays émergents continueront de croître à un rythme soutenu. La Chine et l'Inde devraient ainsi afficher des croissances respectives de 8 % et 6 %. Dans le même temps, les États-Unis devraient rester sur un rythme de croissance de 2,2 %, c'est-à-dire un niveau appréciable mais pas flamboyant. Quant au Japon, la progression de son PIB avoisinerait son niveau structurel de 1 %.

Au total, la croissance mondiale sera d'environ 3,3 %, soit un niveau similaire à celui de 2012 et équivalent à sa moyenne de long terme observée depuis 1980. La bonne tenue de l'économie mondiale tiendra notamment à l'augmentation limitée des cours des matières premières et notamment du pétrole, mais aussi à la poursuite des effets favorables des politiques monétaires ultra-accommodantes, notamment aux États-Unis et au Japon.

Dans ce concert sans éclat mais plutôt harmonieux et rassurant, la zone euro continuera à faire bande à part. En effet, à l'instar de ses « performances » des années 2011 et 2012, elle restera à la traîne de la croissance mondiale en 2013. Comme cela a déjà été le cas l'an dernier, l'UEM devrait subir une baisse de son PIB d'environ 0,4 %. En effet, compte tenu du caractère trop restrictif de la politique fiscale, d'un euro trop cher et d'une crise de la dette qui se poursuivra, l'économie eurolandaise restera coincée dans la récession au moins jusqu'à la fin du printemps 2013.

Dans ce cadre, les objectifs de réduction des déficits publics et des ratios dettes/PIB ne seront pas respectés, ce qui ne manquera pas de susciter un mouvement d'augmentation des taux des obligations d'État, réduisant d'autant l'investissement, l'emploi et la consommation.

Seules deux lueurs d'espoir permettent d'éviter de sombrer dans la déprime. *Primo*, dans le sillage de la récession, l'euro/dollar devrait revenir vers des niveaux plus normaux de 1,15 dollar, soutenant l'activité avec un décalage temporel d'environ six mois. *Secundo*, le développement des nouvelles technologies de l'énergie et de l'agroalimentaire, mais aussi des nanotechnologies, devrait consolider la marche des affaires mondiales.

Parallèlement, il faut espérer que les dirigeants politiques et monétaires eurolandais commenceront enfin à moderniser le fonctionnement de la zone euro, notamment au travers d'une BCE encore plus active sur le front de l'activité économique et via un budget fédéral.

De la sorte, bénéficiant par ailleurs de la bonne tenue de la croissance mondiale et de l'assagissement des cours des matières premières, l'UEM pourra enfin s'engager sur la voie de la reprise à partir de l'automne 2013 avec, si tout va bien, une réduction significative et durable des déficits publics, puis des dettes.

En conclusion, si les politiciens et les hauts fonctionnaires eurolandais n'attisent plus les braises des crises des dernières années, alors tous les espoirs redeviennent permis pour… 2014.

## Deux mille vingt et un, l'Odyssée de l'économie

Où en serons-nous en 2021 ? Vaste question. Et pour cause : s'il est déjà difficile de prévoir la situation économico-financière internationale à un an, établir des anticipations à presque dix ans relève de la gageure. Tel est pourtant l'exercice périlleux auquel on me demande régulièrement de me livrer. Seul réconfort : compte tenu du caractère particulièrement éloigné de l'horizon prévisionnel, il est peu probable que l'on me tiendra rigueur de mes erreurs potentielles. À ce sujet, il est clair que si, à court terme, le consensus a très souvent tort, son risque d'erreur augmente avec le temps.

Ainsi, à la lumière d'un rapide retour sur les prévisions émises en janvier 2001 pour les dix années à venir, il apparaît que la grande majorité d'entre elles se sont avérées vaines. À l'époque, en dépit du début du dégonflement de la bulle Internet, la croissance américaine restait soutenue et paraissait peu encline à s'affaisser. Et ce, d'autant que le taux de chômage aux États-Unis se stabilisait autour des 4 %, alimentant la dynamique de la consommation et de l'immobilier. En Europe, la zone euro avait tout juste deux ans et semblait encore capable de concurrencer, voire de surpasser rapidement la zone dollar. D'autant plus que les dirigeants européens venaient de signer la stratégie de Lisbonne pour s'engager à faire de l'Union européenne « *la terre de croissance et d'innovation la plus performante de la planète à l'horizon 2010* »... Quelle belle « plantade » ! Quant aux pays émergents, en dépit de la vigueur de la Chine, ils paraissaient au bord de la faillite, avec notamment les crises asiatiques des années 1997-1998, la crise russe et celles du Brésil et de l'Argentine.

Autant de sentiments et de prévisions qui ont été balayés par la réalité, laquelle a même parfois tourné au cauchemar. D'abord pour des raisons géopolitiques. Ainsi, alors que la décennie 1991-2001 avait été marquée par un certain apaisement des tensions internationales, la suivante a complètement inversé la donne : attentats du 11 septembre 2001, guerre en Afghanistan, en Irak, en Serbie, en Tchétchénie, guerres civiles dans de nombreux pays africains et sud-américains... Le domaine sanitaire n'a pas non plus été épargné : pandémie de SRAS, puis de grippe aviaire. Que dire alors des catastrophes naturelles : tremblements de terre, tsunamis, ouragans, inondations, marées noires ? À l'évidence, il aurait été difficile de faire pire. Pourtant, comme si toutes ces horreurs ne suffisaient pas, de nombreuses catastrophes économiques et financières ont également jalonné la dernière décennie : affaire Enron, explosion de la bulle Internet, flambée spéculative des cours du pétrole et des matières premières, crise des *subprimes*, faillite de Lehman Brothers, envol des dettes publiques, crises islandaise, grecque, irlandaise et plus globalement de la zone euro...

Bref, le monde de 2013 est loin de ressembler à celui que l'on pouvait imaginer en 2001. Il y a néanmoins une bonne nouvelle dans cette suite de catastrophes en tous genres : nous sommes toujours là. En d'autres termes, en dépit des embûches et de l'adversité, l'économie mondiale résiste et continue de produire des *success stories*. Certes, elles ne sont pas pléthoriques. Cependant, elles montrent que les crises et les péripéties peuvent aussi constituer des opportunités pour ceux qui ne se laissent pas abattre par le pessimisme qu'elles génèrent. Dans ce cadre, même s'il est impossible de savoir quelles seront les catastrophes qui jalonneront la prochaine décennie, il est d'ores et déjà certain qu'elles engendreront également des opportunités déterminantes pour ceux qui ne baisseront pas les bras face aux dangers mais qui, au contraire, oseront investir.

Bien entendu, pour les adeptes du catastrophisme, les risques géopolitiques ne manquent pas : Iran, Proche-Orient, Amérique latine, Europe de l'Est, Corée du Nord, Chine, Afrique... En revanche, pour les autres, et même si ces risques sont réels, les dix prochaines années seront surtout riches de défis à relever : développer la révolution des nouvelles technologiques de l'énergie, innover pour contrecarrer les probables pénuries d'eau et de matières premières alimentaires, limiter la spéculation sur les marchés financiers et réduire la pauvreté et les inégalités. Dans ce cadre, il est alors possible de rêver pour 2021 d'une planète plus propre avec une croissance soutenue sans pétrole, d'un monde pacifié tant d'un point de vue nucléaire qu'en matière de terrorisme, d'un système monétaire et financier international plus transparent et plus équilibré, sans oublier une réduction des dettes publiques, qui passera forcément par des dépenses publiques mieux maîtrisées et retrouvant une certaine efficacité.

Néanmoins, s'il est injustifié de sombrer dans le défaitisme, il serait tout autant erroné de se cantonner dans l'angélisme. Nous ne vivons pas dans le monde des « Bisounours » et, même si nous refusons de spéculer sur les désordres géopolitiques, il est malheureusement clair que le monde devra encore affronter d'autres difficultés économico-financières d'ici 2021. La première est d'ailleurs déjà présente, puisqu'il s'agit de la crise de la dette publique et plus globalement de celle de la zone euro qui n'en finit plus. Si nos dirigeants politiques et monétaires ne parviennent pas à réaliser une UEM fiscalement et réglementairement harmonisée, avec un budget fédéral, qui deviendrait ainsi une terre de croissance forte, il faudra se préparer à un éclatement de la zone euro dans les cinq prochaines années. À plus long terme, l'hégémonie du dollar risque aussi d'être remise en cause par la montée en puissance du yuan. Or, si ce dernier remplace le billet vert sur la scène internationale, les États-Unis tomberont de leur piédestal et le monde s'engagera dans une crise économique encore plus grave que celle de 2008-2009.

Enfin, si ces deux sombres scénarios peuvent encore être évités, il sera beaucoup plus difficile de freiner la montée en puissance du monde dit émergent. Dans ce cadre, après avoir déjà été profondément modifiée au cours des dix dernières années, la répartition du PIB mondial subira une véritable révolution d'ici 2021. Ainsi, de 2 % en 1980 à 15 % aujourd'hui, la part du PIB chinois (en parités de pouvoir d'achat) dépassera les 20 %, soit au moins deux points de plus que les États-Unis qui perdront donc leur première place. Le poids de l'Inde sera proche des 10 %, c'est-à-dire un niveau équivalent à celui de la zone euro. Quant à la France, elle ne représentera plus que 1,8 % du PIB mondial, contre 2,9 % en 2010 et 2,6 % en 2012. Il ne faut pas en avoir peur, mais simplement le savoir (et l'accepter !) pour faire les bons choix stratégiques…

## Dollar

Si les États-Unis peuvent accroître leur dette sans trop de difficulté et utiliser presque à volonté la « planche à billets », c'est principalement parce qu'ils disposent du roi dollar. Mais lorsque cet avantage unique s'affaiblira, voire disparaîtra, que deviendront l'Oncle Sam et sa dette pléthorique ? D'ailleurs, très régulièrement depuis une trentaine d'années, la rumeur se répand à la vitesse grand V : le règne du dollar est révolu. À chaque fois, on entend la même rengaine. Plombés par des déficits abyssaux, affaiblis par la crise économique, les États-Unis n'ont plus le choix et vont devoir abandonner le dollar étalon. Pourtant, à chaque fois, tel le Phénix, le billet vert renaît de ses cendres et ne laisse aucune chance à ses soi-disant concurrents potentiels.

Cette chronique d'une mort annoncée qui n'a finalement pas lieu commence avec la guerre du Vietnam. À l'époque, le dollar constitue l'étalon-or du Système monétaire international (SMI) dans la mesure où il est complètement et immédiatement convertible en or. Seulement voilà, la « planche à billets » a tourné à plein, si bien que la quantité de dollars en circulation à travers le monde dépasse largement la valeur du stock d'or de la Réserve fédérale américaine. La rumeur enfle alors : le dollar va perdre son hégémonie en faveur d'un SMI basé sur l'or et/ou sur les droits de tirages spéciaux du FMI. Coupant l'herbe sous le pied à toutes ces spéculations, l'Oncle Sam va alors se lancer dans un coup de poker calculé, en annonçant la fin de la complète convertibilité du dollar en or. La règle de décision qui s'offre au monde occidental est simple : soit il accepte le dollar comme une réserve de valeur à part entière, préservant ainsi la valeur des réserves de changes des banques centrales et sauvant par là même le SMI, soit il n'accepte pas le *deal*, ce qui ruinera les États-Unis, et avec eux l'ensemble des pays détenant des réserves de change en dollars. En pleine guerre froide et étant toujours étroitement liés à la puissance économique, politique et militaire des États-Unis, l'Europe et le Japon sont obligés d'opter pour la première solution. Ce qui permettra au secrétaire d'État au Trésor américain de l'époque, John Connelly, de lancer sa fameuse formule : *« Le dollar, c'est notre monnaie et votre problème. »*

Une dizaine d'années plus tard, *bis repetita*. Entre-temps, deux chocs pétroliers, une phase de stagflation (stagnation + inflation forte) et l'aggravation des déficits américains ont fait naître les mêmes craintes. Les jours de l'étalon dollar sont comptés. Et ce, d'autant qu'à la différence de 1971, il existe désormais un concurrent sérieux aux États-Unis et au dollar, à savoir le Japon et le yen. Rien ne semble alors pouvoir arrêter la domination galopante des Japonais, si bien que ces derniers, sûrs d'eux et certains qu'ils seront bientôt la première puissance mondiale, n'hésitent pas à apprécier fortement leur devise. Ils commettent ici une erreur fondamentale qui les plongera dans une crise de déflation sans précédent, qui n'est d'ailleurs toujours pas terminée. À l'inverse, modernisés par l'ère Reagan, les États-Unis se lancent dans une phase historiquement longue de croissance soutenue à partir de la fin 1991, et renforcent l'hégémonie du dollar.

Seule ombre au tableau dans le ciel azur du billet vert : la création de l'euro en 1999. Certains, y compris votre serviteur, se mettent alors à rêver : et si la monnaie unique européenne était enfin la devise capable de concurrencer le dollar ? Avec un niveau de 1,18 dollar pour un euro à sa naissance, tous les espoirs sont permis. Les Américains en sont également conscients (peut-être encore plus que les Européens d'ailleurs) et se lancent dans un mouvement massif d'appréciation, qui portera le billet vert autour des 0,83 pour un euro et des 135 yens pour un dollar de la fin 2000 au début 2003. La place de ce dernier dans les transactions mondiales et dans les réserves de changes internationales s'en trouve confortée (respectivement

50 % et 70 %, niveaux qui perdurent aujourd'hui), permettant aux États-Unis de reprendre leur *benign neglect* (douce négligence) en matière de change dès 2003-2004, c'est-à-dire de laisser de nouveau filer le dollar de manière à consolider leur croissance.

La vie des marchés étant un éternel recommencement, la spéculation autour de la fin de l'hégémonie du dollar va reprendre de plus belle lors du premier semestre 2008, et surtout depuis 2009. Les arguments n'ont pas changé : compte tenu de leur dette publique et de leur soi-disant affaiblissement économique, les États-Unis vont devoir abandonner leur dollar-roi. Mais, comme d'habitude, il n'en sera rien. Et ce, pour au moins trois raisons. *Primo*, il n'existe toujours pas de concurrent sérieux au dollar. La création d'un panier de devises serait tellement complexe et peu pratique pour l'organisation du commerce et du système monétaire mondial qu'elle serait vouée à l'échec avant même sa réalisation. *Secundo*, le seul concurrent potentiel du billet vert s'appelle le yuan, mais les Chinois ne sont pas encore prêts, tant économiquement que financièrement. Ils n'y ont d'ailleurs pour le moment aucun intérêt, car un yuan trop cher pourrait casser leur croissance, à l'instar du yen surévalué pour le Japon il y a vingt ans. En outre, n'oublions pas qu'avec plus de 3 300 milliards de dollars de réserves de changes et des bons du Trésor américain en quantité pléthorique, une trop forte baisse du dollar serait une catastrophe pour la valorisation des actifs chinois libellés en dollar. *Tertio*, il est clair que les États-Unis ne se laisseront pas voler la vedette sans rien dire et, surtout, sans rien tenter. C'est pourquoi, grâce au redémarrage de la croissance américaine, qui n'est certes pas formidable mais largement supérieure à ses homologues européennes et japonaises, la Réserve fédérale finira par augmenter ses taux directeurs en 2014, créant ainsi le déclic permettant aux marchés de revenir à l'achat sur le dollar. Une appréciation qui ne manquera évidemment pas de remettre à plus tard la fin du dollar étalon.

Autrement dit, en dépit d'une opposition de façade, les Américains et les Chinois feront tout pour que rien ne change. Du moins à court terme. Car la Chine, voulant devenir la première puissance économique mondiale, est consciente que, pour y parvenir, elle devra aussi disposer de la devise internationale de référence. Ainsi, à partir du moment où son économie sera suffisamment puissante pour supporter une devise durablement forte, elle ouvrira ses marchés financiers, laissera le yuan s'apprécier massivement et pourra imposer aux pays de l'OPEP et à ses partenaires commerciaux de libeller leurs transactions commerciales en yuan. Cette perspective n'aura certainement pas lieu avant une bonne dizaine d'années. Néanmoins, si elle se réalise, les États-Unis deviendront un pays émergent, criblé de dettes et ne pouvant plus actionner la « planche à billets » à l'envi, ni financer son déficit grâce au rôle hégémonique de sa devise. La récession s'installera alors durablement outre-Atlantique, mais aussi sur le vieux continent qui, comme de coutume, subira encore plus de dégâts que l'Oncle Sam.

En conclusion, personne n'a aujourd'hui intérêt à la fin du rôle central mais aussi stabilisateur du dollar au sein du SMI. Car lorsque cela se produira, la planète connaîtra une crise bien plus grave et durable que celle que nous avons connue en 2008-2009. Alors, de grâce, chaque crise en son temps, si possible avec un intervalle d'au moins dix ans, histoire de souffler un peu.

## **DRAGHI**

Cela n'aura certainement échappé à personne : selon le calendrier chinois, de février 2012 à janvier 2013, nous étions en pleine année du Dragon, signe de puissance et de réussite. Si ces dernières caractéristiques incarnent plutôt bien l'économie chinoise cette année encore et au moins jusqu'en 2015, il n'en sera certainement pas de même pour la zone euro. Pour la cinquième année consécutive, cette dernière restera l'une des lanternes rouges de la croissance mondiale. En d'autres termes, rien de nouveau sous le ciel gris de l'Union économique et monétaire.

Toutefois, au milieu de cet océan d'inquiétudes et de pessimisme, un changement positif s'est opéré en novembre 2011 au sein de l'UEM : le remplacement à la tête de la BCE du dogmatique Jean-Claude Trichet par le pragmatique (du moins en apparence) Mario Draghi. Pendant une vingtaine d'années, le premier n'a cessé de sacrifier la croissance sur l'autel de l'inflation. Fort heureusement, M. Trichet ne dirige plus la BCE et son successeur a décidé de faire table rase du passé. Tout d'abord, Mario Draghi s'est employé à corriger les deux dernières erreurs de son prédécesseur, qui avait augmenté le taux refi de la BCE à deux reprises en 2011, en pleine crise grecque et sur fond de menaces quant à l'existence même de la zone euro. À peine nommé et alors que J.-C. Trichet avait annoncé un mois plus tôt qu'il était hors de question d'assouplir l'étreinte monétaire de la BCE, « Super Mario » a décidé d'abaisser le taux refi de 25 points de base, et par deux fois.

Mieux, alors que les dangers redoublaient d'intensité et faisaient dire à certains que la zone euro ne passerait pas Noël, Draghi a pris le taureau par les cornes le 23 décembre 2011 et a tout simplement sauvé l'UEM, au moins temporairement. Pour ce faire, il a permis aux banques eurolandaises de se financer à 1 % sur une durée de trois ans, et ce sans limite de montant. En d'autres termes, c'est désormais *open bar*. Le principe de cette démarche est relativement simple : dans la mesure où le marché interbancaire était très tendu et où les banques continuaient de ne pas se faire confiance, la BCE a créé pour elles une facilité de caisse infinie. Le but est double. D'une part, cela permet de contourner les tensions et la défiance qui prévalaient sur le marché interbancaire. D'autre part, les banques européennes peuvent acheter plus facilement des bons du Trésor des pays de la zone euro. Effectivement, en se finançant à 1 % sur trois ans, les banques ont toute latitude pour acheter des obligations d'État rémunérées avec un rendement à plus de 2 %, voire parfois à plus de 6 %.

Jusqu'au printemps 2012, ce sauvetage a d'ailleurs plutôt bien fonctionné. Ainsi apaisées par leurs facilités de caisse, les banques européennes ont financé sans rechigner les États eurolandais, y compris ceux des pays du Sud, permettant par là même une légère détente des taux obligataires. Cet apaisement n'a été que de courte durée puisque la BCE a continué d'oublier l'essentiel : la croissance forte. En effet, en permettant aux banques de se financer à faible coût pour acheter des bons du Trésor, la BCE a favorisé « l'effet d'éviction », en clair a privilégié le financement des dettes publiques au détriment de l'investissement des entreprises. Or, l'économie eurolandaise a justement besoin d'investissements, d'emplois et de consommation en provenance du secteur privé.

Aussi vite qu'elles avaient disparu, les crises de la dette et de la zone euro sont ainsi réapparues au printemps-été 2012. Mario Draghi a donc dû reprendre son rôle de sauveur. D'ailleurs, un peu comme des enfants à l'approche du mois de décembre, la quasi-totalité des investisseurs, entrepreneurs, hommes politiques et autres acteurs de la vie économique attendaient avec impatience la réunion de septembre de la Banque centrale européenne. Grâce à la perspective d'une issue heureuse, les marchés ont pu passer un été relativement calme, le premier depuis cinq ans.

Face à tant d'espoirs, la BCE et son président ne pouvaient se permettre de décevoir. Pour contourner l'interdiction d'actionner la « planche à billets », la BCE a annoncé qu'elle allait acheter des obligations des États eurolandais en difficulté, et ce, dans une proportion illimitée. Ce nouveau cadeau *no limit* de l'institut francfortois a évidemment suscité une vague d'euphorie sur les marchés. Dans la seule journée qui a suivi cette décision, le Cac 40 a flambé de 3,1 %, l'Eurostoxx de 3,4 %, le MIB (Milan) de 4,3 % et l'IBEX (Madrid) de 4,9 %. Dans le même temps, l'euro s'est hissé à quasiment 1,27 dollar, avant de dépasser les 1,30 quelques semaines plus tard. Enfin, les taux d'intérêt des obligations d'État à dix ans italiens et espagnols ont reculé, les premiers se rapprochant des 5 % et les seconds passant sous les 6 %.

Bref, les marchés ont totalement adhéré au plan de sauvetage de Draghi, oubliant les carences de ce dernier et voulant absolument retrouver l'optimisme. Il faut dire que comparativement aux années Duisenberg et Trichet, il n'y a pas photo : la BCE passe effectivement de l'obscurité à la lumière, de la rigidité à la flexibilité et du dogmatisme maladif au pragmatisme. Ne serait-ce que pour cette raison, l'emballement des marchés apparaît tout à fait justifié.

Pour autant, ne nous voilons pas la face : le plan de la BCE va certes dans le bon sens, mais il est loin de résoudre la crise de la zone euro. Tout d'abord, d'un point de vue technique, il faut souligner que celui-ci ne sera enclenché que si, et seulement si, les États qui souhaitent en bénéficier font appel auparavant à l'aide du fonds de secours européen, appelé MES (Mécanisme européen de stabilité), successeur du FESF (Fonds européen de stabilité financière). Autrement dit, si l'Espagne et l'Italie ne réclament pas officiellement cette aide, comme elles ne cessent d'ailleurs de le déclarer, la BCE n'achètera pas leurs dettes publiques.

Ensuite, contrairement à ce qui est parfois avancé, le plan de la BCE ne constitue absolument pas une « planche à billets ». Comme nous le verrons dans la partie qui lui est consacrée, cette dernière consiste à créer de la monnaie *ex nihilo* qui sera utilisée pour financer directement les États. Ceux-ci n'ont alors pas besoin de faire appel aux marchés, ce qui permet de maintenir les taux d'intérêt obligataires sur des niveaux bas et de soutenir ainsi l'investissement des entreprises. La solution proposée par la BCE est très différente, dans la mesure où elle consiste à acheter des obligations déjà émises. Elle vient donc essayer d'éteindre l'incendie, une fois qu'il s'est déclaré. Une stratégie bien plus appropriée serait d'agir en amont, en soutenant davantage la croissance. Pour ce faire, la BCE doit encore abaisser son taux refi, au moins à 0,5 %, ce qui permettra notamment de déprécier l'euro et de relancer l'activité économique.

C'est d'ailleurs là que réside l'un des grands paradoxes de la situation actuelle. En effet, à la suite de la décision de la BCE, l'euro s'est de nouveau apprécié, ce qui n'a pas manqué d'alimenter la récession, donc d'augmenter le chômage, puis les déficits et enfin la dette. Tant qu'il en sera ainsi, la BCE pourra acheter toutes les obligations qu'elle souhaite, elle ne mettra pas fin à la crise de la dette publique.

En d'autres termes, la BCE ne fait que gagner du temps, espérant que la croissance reviendra comme par magie. Et comme la récession va s'installer au moins jusqu'au second trimestre 2013, il est clair que la crise va très vite revenir, rendant l'action de la BCE coûteuse et peu efficace.

Les Allemands pourront alors rappeler qu'ils nous avaient bien prévenus et qu'ils étaient contre les décisions de la BCE. Il s'agit là de la quatrième difficulté du plan de la BCE que les marchés font pourtant semblant d'ignorer, l'hostilité allemande. En visite à Madrid quelques jours plus tard, M^me^ Merkel a souligné que la BCE avait agi « *dans le cadre de son indépendance et de son statut* », avant de confirmer son opposition au rachat de dette publique. On ne peut être plus clair.

Parallèlement, M. Draghi a indiqué que le nouveau programme avait été voté à l'unanimité du conseil des gouverneurs moins une voix, celle de Jens Weidmann, président de la Bundesbank.

Dans plusieurs communiqués officiels, cette dernière a d'ailleurs été particulièrement sévère : « *Si ce programme conduit les États à repousser les réformes nécessaires, cela va de nouveau saper la confiance dans la capacité des responsables politiques à résoudre la crise.* » Cela promet des tensions de plus en fortes au sein de la BCE, mais aussi au sein de l'Eurogroupe. Autrement dit, les dissensions germano-eurolandaises s'intensifient et s'affichent de plus en plus au grand jour.

La bonne nouvelle réside donc dans le fait que l'action de la BCE a évolué positivement. La mauvaise, c'est que nous sommes toujours loin du but et que le dogmatisme reste encore dominant tant au sein de l'institut francfortois qu'au niveau des dirigeants politiques de nombreux pays de l'UEM.

Espérons donc qu'après l'année du Dragon, nous aurons l'année du Draghi, c'est-à-dire celle de la victoire du pragmatisme sur le dogmatisme qui, depuis plus de vingt ans, a fait tant de mal à notre vieille Europe et à notre douce France. À moins que le calendrier chinois ne reprenne ses droits et fasse de 2013 une vraie année du Serpent, fourbe et agressif.

## Dubaï

Il s'agit de la première crise de la dette publique « nouvelle génération ». En effet, alors que ce petit État prospère des Émirats arabes unis (EAU) paraissait à l'abri de la moindre difficulté financière, tout a basculé en novembre 2009. À force de dépenser sans compter et sans retour sur investissement, de construire les plus hautes tours de la planète, mais vides, des stations de ski en plein désert sans skieurs, il faut bien finir par payer la facture.

Certes, cette dernière n'était pas catastrophique : en manque de liquidités en novembre 2009, Dubaï demandait « juste » quelque

6 milliards de dollars de moratoire sur une dette totale de 70 milliards. De plus, avec un poids de moins de 0,1 % du PIB mondial, Dubaï ne risquait pas de casser l'économie internationale. Mais il n'en fallait pas plus pour poser la première pierre du mur de la crise de la dette publique. La crainte était simple : Dubaï était la manifestation étatique de la faillite de Lehman Brothers. Après la crise de la dette privée, nous passions donc dans l'ère de la crise de la dette publique.

Fort heureusement, alors que la situation aurait pu très rapidement s'envenimer, le « grand frère » Abu Dhabi, royaume le plus riche des EAU, n'a pas tardé à sonner la fin de la récré. Il faut dire que ses atouts ne manquent pas : il possède 9 % des réserves mondiales de pétrole, soit 98,2 milliards de barils et près de 5 % des réserves de gaz naturel dans le monde. Encore plus fort, il dispose de l'un des principaux fonds souverains de la planète, le Abu Dhabi Investment Authority (ADIA), dont la valeur totale est estimée à plus de 900 milliards de dollars.

Dès lors, Abu Dhabi a choisi de couper l'herbe sous le pied des spéculateurs et de pallier les déficiences de son voisin en reprenant directement une partie de sa dette. En échange, certains actifs de Dubaï ont été transférés à Abu Dhabi, le gratte-ciel le plus haut du monde a été rebaptisé Khalifa, du nom de l'Émir d'Abu Dhabi : et le tour était joué. La croissance est rapidement revenue, la fringale dubaïote a été stoppée, et la première crise de la dette publique n'est plus qu'une vieille histoire.

Ah ! si les dirigeants de la zone euro en avaient fait autant en 2009 avec la Grèce ! La crise hellène aurait été résolue immédiatement et l'existence de l'UEM n'aurait jamais été remise en question. Mais c'est ainsi, les Européens ont du mal à anticiper et préfèrent agir dans l'urgence. Dès lors, ils se contentent de colmater les brèches, sans résoudre les problèmes de fond.

# E

## Emprunts russes

Il s'agit certainement du plus grand *hold-up* d'État de l'Histoire contemporaine, qui montre comment une dette publique peut tout simplement disparaître, au grand dam de ses détenteurs. Ainsi, de 1822 au début du XX$^{e}$ siècle, l'État russe va faire de plus en plus appel à la France pour financer sa dette, émettant plusieurs emprunts à la seule destination des Français. Cette « coopération » franco-russe à sens unique va prendre encore plus d'ampleur lorsque, en 1882, l'Allemagne (ou plutôt la Prusse à l'époque), l'Autriche-Hongrie et l'Italie signent une alliance tripartite, dite Triplice (à ne pas confondre avec triple A…).

Isolées de part et d'autre, la France et la Russie signent un traité d'alliance en 1892. En dépit d'un risque d'insolvabilité grandissant, la Russie va alors récolter près d'un tiers de l'épargne française pour financer sa dette. Il faut dire que les campagnes de publicité, les banques et les médias français de l'époque sont plus qu'incitatifs. *« Prêter à la Russie, c'est prêter à la France »*, lit-on un peu partout. On découvrira plus tard que les dirigeants russes versaient des commissions démentielles aux banques et à certains journaux pour faire la promotion de ce qui était présenté comme un emprunt garanti à 100 %.

Seulement voilà, les emprunts nouveaux ne servaient qu'à entretenir d'énormes dépenses de fonctionnement et à rembourser les intérêts des emprunts précédents. Un véritable système Madoff d'État.

La révolution russe éclata et ce qui devait arriver arriva : le 29 décembre 1917, les bolcheviques répudiaient unilatéralement l'intégralité des dettes contractées par la Russie. Plus d'un million et demi de Français furent ainsi lésés et perdirent souvent l'intégralité de leur épargne qu'ils avaient investie aveuglément dans des emprunts russes présentés comme « sûrs »… Le plus beau, ou plutôt le plus dramatique, c'est que ces emprunts vont rester cotés à la Bourse de Paris jusqu'en 1996 ! Comme quoi l'espoir fait vivre… Leur cotation sera alors suspendue provisoirement, et ce n'est finalement que le 19 octobre 2007 qu'Euronext Paris va engager la radiation définitive de la totalité des emprunts russes, certains après plus d'un siècle d'inscription ininterrompue.

Après une telle débandade, on aurait pu se dire que pareille arnaque ne se reproduirait plus. Et pourtant, les dernières décennies ont montré que les emprunts russes avaient de dignes héritiers ! Les ingrédients de ce type de drame sont malheureusement toujours les mêmes : un pays qui dépense sans compter, un ou plusieurs autres qui disposent d'une épargne conséquente à la recherche de placements sûrs à rendements élevés, une dette présentée comme irréprochable par les banquiers, les conseillers financiers et même les médias, puis une récession, une crise sociale et, finalement, la dette fait « pschitt ». Ce qui engendre de nombreux dommages collatéraux qui mettront des années à être réparés.

Comme quoi, il n'y a vraiment rien de nouveau sous le soleil de la dette… C'est simplement l'horizon géographique et/ou temporel qui change : Mexique, Argentine, de nouveau Russie en 1998-2000, *subprime*, Lehman Brothers, Grèce et peut-être bientôt France. Ironie de l'Histoire, ce sont désormais des fonds d'investissement russes qui achètent de la dette publique française. De là à imaginer que la France de 2013 ne va pas rembourser ses créanciers russes pour venger les épargnants français du début du XXe siècle, il y a un grand pas qu'il ne faudrait tout de même pas franchir…

## Épargne

Comme avec les emprunts russes, l'une des plus grandes craintes qui entoure la crise de la dette réside dans la possibilité qu'un débiteur, et en particulier un État, puisse faire défaut. D'ailleurs, à peine a-t-on entendu prononcer le mot « défaut » quelques mois après le début de la crise grecque qu'un vent de panique a commencé à souffler : « et si l'argent des petits épargnants était en danger ? » se demandent de plus en plus d'observateurs. Le raisonnement qui sous-tend cette crainte est finalement assez simple : si un débiteur important, et à fortiori un État, fait défaut, ses créanciers devront inévitablement payer une facture salée et faire passer par « pertes et profits » tout ou partie de leurs avoirs sur ce mauvais payeur. Dès lors, si leur situation financière n'est pas suffisamment solide, ces créanciers risquent, à leur tour, de se retrouver en position d'illiquidité, voire d'insolvabilité. Un cycle infernal pourrait alors se mettre en place. Face à ce risque, les déposants des banques créancières en difficulté seraient fortement incités à retirer leurs dépôts et petites économies en tout genre. Devant cet afflux massif de retraits, appelé *run* dans la théorie des crises financières, ces banques pourraient refuser de délivrer les espèces réclamées, ce qui aggraverait le phénomène de panique et provoquerait un mouvement de contagion à l'ensemble des autres banques.

Nous nous retrouverions alors dans une situation analogue à la psychose qui a suivi la faillite de Lehman Brothers. À une différence près : à l'automne 2008, les États avaient encore les moyens financiers de sauver les banques, en leur prêtant des liquidités à bon compte, de manière à augmenter leurs fonds propres et à éviter la faillite. Aujourd'hui, compte tenu de l'explosion des dettes publiques depuis quatre ans et du peu de croissance qui en a résulté, les États sont surendettés et n'auront certainement pas les moyens d'engager un plan de sauvetage du système bancaire. Un tel marasme ne manquerait évidemment pas d'alimenter la panique, avec tous les effets catastrophiques que cela engendrerait, tant d'un point de vue économique que social puis humanitaire... Dans ce cadre, la faillite systémique qui a pu être évitée en 2009 pourrait devenir inévitable en 2013-2014.

Soyez cependant rassurés, nous n'en sommes pas là. Bien entendu, si demain la zone euro devait exploser, si les États-Unis faisaient défaut et si, enfin, une troisième guerre mondiale éclatait, il est clair que les banques de la planète et le système capitaliste dans son ensemble ne résisteraient pas. Dans ce contexte, seuls les placements en métaux précieux, et en particulier en or, auraient encore un avenir. Cependant, même si certains souhaitent une telle issue, il est clair que, pour le moment, la probabilité de ce scénario catastrophe reste faible. En effet, si de nombreux observateurs analysent le rééchelonnement de la dette grecque comme un défaut, il ne s'agit finalement que d'une modification des échéances et certainement pas d'une annulation de la dette. À l'évidence, si une telle solution avait été décidée au début de la crise il y a quatre ans, nous n'en serions pas là aujourd'hui.

Et nos économies dans tout ça ? Compte tenu du flou environnant, le plus sûr est de ne rien faire et de rester liquides. De même, il serait dangereux de demeurer trop exposé aux obligations d'État. Dans la mesure où les taux longs vont nettement augmenter, des moins-values notables devraient être enregistrées. Il faut donc s'alléger en la matière. Cependant, il ne faut pas oublier que les crises sont aussi des phases d'opportunités. En d'autres termes, compte tenu de la dégringolade boursière excessive des dernières années, de nombreuses actions sont devenues particulièrement peu onéreuses, notamment celles qui servent des dividendes intéressants. Parallèlement, les obligations *corporates* à deux ans, émises par des entreprises solides ne présentant pas de risques importants, sont également à conseiller à l'achat. Quant à l'or et aux matières premières, elles restent très chères et, sauf dans le scénario catastrophe évoqué plus haut, pourraient réserver de mauvaises surprises au cours des prochains trimestres.

En conclusion, la peur n'évite pas le danger et il serait contreproductif de rejeter en bloc les marchés boursiers. Ces derniers recèlent encore de belles pépites. Mais, comme en 2009, seuls les plus courageux oseront les acquérir pendant la crise. Quant aux autres, ils achèteront au plus haut et vendront au plus bas comme cela s'observe malheureusement trop souvent. Ne l'oublions jamais, lorsque les marchés dévissent massivement, il faut toujours se demander à qui profite le crime. En l'occurrence à ceux qui ont alimenté la psychose et à ceux qui achètent au plus fort de la crise. Et ce sont souvent les mêmes…

## ESPAGNE

Malgré tous les efforts marketing pour nous faire croire que la crise de la dette et celle de la zone euro étaient finies, les dirigeants eurolandais ont vite été rattrapés par la réalité. En effet, à peine a-t-on terminé de poser un gros sparadrap sur la plaie grecque (qui est d'ailleurs toujours très loin d'être cicatrisée) que l'Espagne a ravivé les braises de la crise de la dette publique. Nos voisins ibères n'ont pourtant pas démérité. Ils ont notamment décidé d'engager un plan de rigueur exceptionnel, censé remettre les comptes du pays sur la bonne voie. Ainsi, en 2012, les dépenses publiques ne représentaient que 42,7 % du PIB. En revanche, du fait d'une récession endémique qui réduit mécaniquement les recettes fiscales, la dette publique espagnole n'a cessé de croître, atteignant 90 % du PIB l'an passé, se dirigeant tout droit vers la barre des 100 % qui devrait être dépassée en 2013-2014.

Si le focus se porte autant sur l'Espagne, ce n'est pas à cause de ses dépenses publiques, mais surtout parce que la dégradation de sa dette a été extrêmement rapide. Il faut effectivement rappeler qu'il y a cinq ans l'Espagne était encensée par la Commission européenne et par les agences de notation. Celles-ci se félicitaient notamment d'une dette publique de seulement 36,3 % du PIB en 2007 et même d'un excédent de 2005 à 2007. La descente aux enfers est donc particulièrement abrupte et rappelle combien il est important de ne pas trop se fier aux commissaires européens et aux auditeurs privés. Ceux-ci ont oublié l'essentiel, en l'occurrence la capacité de l'Espagne à générer une croissance durablement forte.

En effet, le dynamisme économique des années 1990-2000 reposait presque exclusivement sur quatre piliers : le rattrapage du retard accumulé dans les années 1960-1980, les subventions européennes, le tourisme et la bulle immobilière. Autant de facteurs qui sont par définition temporaires et fragiles. Ainsi, le retard économique a fini par être en partie comblé. De même, lors de l'élargissement de l'Union européenne de 2007, les subventions vers l'Espagne ont été réduites à la portion congrue au profit des nouveaux entrants. En outre, la vigueur excessive de l'euro et la multiplication de nouvelles destinations touristiques moins chères ont freiné le moteur du tourisme. Enfin, dans la mesure où les arbres ne montent pas au ciel, l'augmentation des taux d'intérêt en 2007-2008 a mécaniquement engendré l'explosion de la bulle immobilière, qui prendra des années à être digérée.

Pour ne rien arranger, la crise grecque a automatiquement pesé sur les taux obligataires espagnols, qui sont donc restés très élevés, cassant un peu plus le peu de croissance qui restait au-delà des Pyrénées. Après une baisse de 3,7 % en 2009, puis une toute petite reprise en 2010, le PIB a donc retrouvé le chemin de la baisse dès 2011, pour y rester jusqu'au début 2013. Son niveau actuel est en repli de plus de 6 % par rapport au début 2008. Conséquence logique de cette récession aggravée, le taux de chômage n'a cessé de flamber, pour atteindre désormais 26,1 % et 56 % pour les moins de vingt-cinq ans. Dans ces conditions, le ras-le-bol de la population espagnole apparaît, sinon justifié, du moins compréhensible. Et plutôt que de redonner espoir à ses administrés, le gouvernement ibère a choisi une voie à sens unique : celle de l'augmentation des impôts et de la baisse des dépenses sociales. Ne disposant d'aucun relais de croissance, le royaume de Juan Carlos semble donc durablement condamné à la récession et au malaise social.

C'est d'ailleurs bien là que réside la véritable erreur de l'Espagne, celle de ne pas avoir su utiliser sa croissance gonflée à l'EPO des années 1990-2000 pour accroître ses efforts de recherche-développement et multiplier ses investissements innovants. L'analogie avec certains sportifs espagnols est évidemment facile, mais une fois que le dopage est découvert, on tombe forcément de son piédestal… En s'endormant sur ses lauriers touristiques et immobiliers, l'Espagne a simplement oublié que l'avenir appartient à ceux qui innovent. Si les dirigeants espagnols avaient profité de la croissance forte des années fastes pour réduire les dépenses publiques inefficaces et pour moderniser leur économie, notamment en favorisant l'investissement productif des entreprises, leur pays n'en serait pas là aujourd'hui.

Pour se réconforter, nos amis ibères pourront toujours se dire qu'ils ne sont pas les seuls à avoir fait ces erreurs. Mais cela ne changera rien à la situation actuelle. Pis, l'Espagne pourrait bien être le verre d'eau qui fera déborder le vase. Pour l'instant, la crise grecque n'y est pas parvenue, notamment parce que la Grèce ne représente que 2 % du PIB de la zone euro (en parités de pouvoir d'achat). Dans la mesure où le poids de l'Espagne dans ce dernier avoisine les 12 % et où le chômage y est déjà stratosphérique, un enlisement de la crise espagnole deviendra assurément catastrophique.

## Espoir

Après avoir encaissé une succession de mauvaises nouvelles en provenance de Grèce, d'Espagne et de l'ensemble de la zone euro, les marchés et les investisseurs internationaux ont semblé vouloir retrouver le chemin de l'espoir. En effet, les marchés boursiers ont repris quelques couleurs depuis l'été 2012. S'agit-il d'un dernier baroud d'honneur avant un véritable effondrement, ou alors d'une nouvelle tendance durable ? En fait, la bataille est loin d'être gagnée. Et pour cause : la visibilité est nulle et les cartes sont uniquement entre les mains des dirigeants politiques. Or, comme cela s'observe depuis au moins une dizaine d'années et encore plus depuis le début de la crise grecque, ceux-ci s'avèrent particulièrement incapables de prendre des décisions efficaces et de surmonter leur dogmatisme maladif en faveur d'un peu plus de pragmatisme.

Certes, le président de la BCE, Mario Draghi, semble toujours disposé à tout faire pour sauver la zone euro et même à engager une nouvelle baisse du taux refi. Mieux vaut tard que jamais. Mais, une fois encore, une question demeure : pourquoi continuer à attendre ? En effet, toute inflexion de politique monétaire prend au moins six mois avant d'agir sur l'activité. Or, la récession est déjà de retour dans la quasi-totalité des pays de la zone euro. Même la Banque de France vient enfin de se rendre compte que l'Hexagone était aussi en train de replonger dans la décroissance. Ce n'est pas trop tôt, mais certainement un peu tard pour M. Hollande et pour ses prévisions de déficits publics.

Toujours est-il que plus la BCE attend, plus la récession s'installera et plus la reprise mettra du temps à démarrer. En outre, même si de plus en plus d'observateurs veulent croire à une issue favorable de la crise grecque, l'incertitude demeure élevée. Parallèlement, si personne ne veut imaginer un effondrement de l'Espagne ou un clash franco-allemand, il n'existe aucune véritable garantie permettant d'exclure catégoriquement ces deux cas de figure. Bien au contraire. Ainsi, il faut bien prendre conscience que, si la croissance ne revient pas très vite, la crise espagnole finira par dégénérer vers un scénario « grec », en attendant que l'Italie et la France suivent.

Du côté franco-allemand, n'en déplaise à notre président, il faut aussi reconnaître que les divergences restent bien présentes. Et si Jean-Luc Mélenchon fait un peu moins peur que Georges Marchais dans les années 1980, un dérapage de la France sur l'aile gauche, notamment en matière d'augmentation des dépenses publiques, sera très rapidement sanctionné.

Si les taux d'intérêt des obligations de l'État français ont incroyablement baissé ces derniers mois, ils pourraient tout aussi rapidement augmenter en cas de forte dégradation de la note de la France. Pour l'instant, les agences de notations sont restées clémentes à notre égard mais, après la confirmation de la récession, rien n'est assuré.

Une fois encore, nous sommes donc à la merci des décisions politiques qui seront prises dans les prochaines semaines et les prochains mois. Certes, les dirigeants eurolandais nous ont promis qu'ils allaient enfin apporter des réponses sérieuses à la crise. Mais combien de sommets de la dernière chance et de plans de sauvetage pour rien ? Face à cette incertitude non-maîtrisable, l'espoir reste mince.

## États-Unis

Les États-Unis font, eux aussi, partie des rares pays à afficher un ratio dette publique/PIB supérieur à 100 % (précisément 105 %). S'ils ont réussi à éviter la rechute en 2012, ils ne parviennent plus à générer une croissance durablement forte depuis le début de la crise de 2008. L'observation du PIB des États-Unis au cours des quatre derniers cycles est sans appel. Entre le début de la dernière récession (c'est-à-dire au quatrième trimestre 2007) et le quatrième trimestre 2012 (derniers comptes nationaux connus), le PIB américain n'a progressé que de 2,4 %. Or, à ce stade du cycle (en l'occurrence vingt trimestres après le début de la récession), celui-ci avait progressé de 12 à 14 % à la suite des trois dernières récessions : celles de 1980, 1990 et 2000.

Bien entendu, il est possible de lire ce comparatif avec optimisme, en soulignant l'ampleur du rattrapage, donc de la vigueur, qui attend l'économie américaine au cours des prochains trimestres. Pour autant, compte tenu de la relative faiblesse de la plupart des indicateurs avancés de la conjoncture outre-Atlantique depuis quelques mois, il n'est malheureusement pas possible d'anticiper un retour rapide d'une croissance forte et durable, c'est-à-dire au-dessus des 2,5 %. Ces résultats sont d'autant plus décevants qu'ils ont été réalisés en dépit d'une relance budgétaire et monétaire historiquement accommodante. Si bien qu'aujourd'hui le gouvernement américain et la Réserve fédérale se retrouvent coincés entre le marteau et l'enclume. Soit ils durcissent leur politique, de manière à retrouver une certaine crédibilité, mais ils risquent alors de compromettre la reprise ; soit ils maintiennent une stratégie exagérément laxiste, et ils prennent alors le risque de voir la note de la dette publique dégradée et l'hégémonie du dollar attaquée. Dès lors, les États-Unis peineront à financer leurs multiples dettes.

En d'autres termes, en élisant Barack Obama, les Américains ont réussi en partie à changer leur image d'un point de vue social et diplomatique. Néanmoins, ils ont également cassé leur principal atout : le dynamisme économique. Pour faire simple, ils se sont « européanisés » en devenant une terre de croissance molle, de chômage élevé et de rigidités sociales notables.

Pour autant, l'Oncle Sam dispose encore d'un potentiel de réaction conséquent. C'est d'ailleurs souvent dans l'adversité que les Américains donnent le meilleur d'eux-mêmes. On l'avait notamment observé au début des années 1980, lors de la dernière grave crise économique comparable à celle que nous venons de vivre. À l'époque, la prévision consensuelle annonçait la fin imminente de la puissance économique américaine, notamment au profit du Japon. Les États-Unis venaient d'ailleurs d'élire comme président un ancien acteur de série B qui semblait à priori incompétent. Et pourtant, contre toute attente, Ronald Reagan réussit à remettre l'Oncle Sam sur pieds, lui permettant de retrouver un dynamisme économique sans précédent. La question est donc : qui sera le prochain Reagan ?

En attendant, avec une croissance de 2 à 2,5 %, les États-Unis ont les moyens de créer des emplois et de rembourser les intérêts de la dette publique, ce qui, dans le contexte actuel, n'est déjà pas si mal.

Autrement dit, si les États-Unis sont sortis de la crise, certes sans gloire et avec une dette abyssale, la zone euro reste engoncée dans la récession, mais aussi dans une double bulle : celle de la dette publique et du chômage.

## Euro

C'est certainement le seul point positif des différentes crises grecques et de celles des dettes publiques eurolandaises : la baisse de l'euro, notamment face au dollar. En effet, comme cela s'est déjà observé à cinq reprises depuis 2008, chaque tempête qui secoue l'Euroland rappelle que l'UEM ne peut supporter un euro trop fort.

Le drame, c'est qu'il faille à chaque fois passer par la case « crise » pour que les investisseurs comprennent cette évidence. Certes, il faut reconnaître que la politique de la BCE a tout fait pour favoriser un euro surévalué. Ainsi, à chaque fois que l'UEM pouvait apparaître « sauvée » et capable de retrouver le chemin de la croissance, la BCE a agité le chiffon rouge de l'inflation et n'a pas tardé à augmenter son taux refi ou à refuser de le baisser, relançant par là même l'euro/dollar à la hausse et préparant ainsi la crise suivante. Ce fut tout d'abord le cas au second semestre 2007 et au premier de 2008, au cours desquels, en dépit de la crise financière mondiale qui commençait, puis de la récession qui s'installait en Europe, la BCE a resserré fortement son étreinte monétaire, portant l'euro à 1,60 dollar.

Face à l'effondrement des marchés et de la croissance de la seconde partie de 2008, la BCE a été contrainte de faire machine arrière (sans cependant reconnaître ses erreurs des mois précédents), permettant à l'euro de revenir aux alentours de 1,25 dollar. Mais, au moment où la dépréciation de la monnaie unique était sur le point de relancer la croissance, la BCE a refusé de suivre la Fed dans son assouplissement monétaire massif, s'obstinant à maintenir un taux refi à 1 %, contre 0-0,25 % pour le taux objectif des *federal funds*. L'euro est alors reparti à la hausse (jusqu'à 1,50 dollar), limitant la reprise de fin 2009-début 2010, et maintenant certains pays de l'UEM dans la récession.

C'est à ce moment-là que la crise grecque a explosé, engageant une nouvelle dépréciation de l'euro qui est même tombé à 1,22 dollar.

Une fois encore, alors que la tempête semblait se calmer, la BCE s'est illustrée en annonçant que l'inflation était de retour et qu'il fallait augmenter le taux refi, ce qu'elle fit à deux reprises en 2011 (avril et juillet). Il n'en a pas fallu plus pour apprécier l'euro au-delà de 1,40 dollar, ravivant la crise grecque lors de l'été 2011 et préparant le retour de la récession dans de nombreux pays européens dès la fin 2011. L'euro est alors reparti à la baisse, laissant imaginer que la rechute économique serait sans gravité et de courte de durée. Malheureusement, en laissant croire que la zone euro était définitivement sauvée et que la crise était terminée, les dirigeants eurolandais ont maintenu l'euro au-delà de 1,30 dollar et ont empêché le retour de la croissance. Pire, ils ont réveillé l'hydre grecque et rappelé que la zone euro était toujours en danger.

C'est pourquoi, au printemps 2012, la devise européenne s'est nettement dépréciée, se rapprochant de ses niveaux normaux. Il ne faut effectivement pas oublier que le niveau normal de l'euro/dollar est de 1,15 dollar tant selon la parité des pouvoirs d'achat (PPA) que selon le taux de change naturel, dit Natrex. Ce dernier caractérise le niveau d'équilibre de l'euro/dollar en fonction des principaux fondamentaux économiques, tels que la croissance, l'inflation, l'épargne et la balance commerciale. Tant que nous ne l'aurons pas atteint, la zone euro ne pourra pas retrouver le chemin de la croissance et sera donc dans l'incapacité de sortir de la crise. À fortiori pour les pays les plus fragiles, pour qui le niveau de PPA de l'euro est bien plus bas : par exemple 0,70 dollar pour la Grèce, 0,90 dollar pour l'Italie et 1,03 dollar pour la France…

En fait, le mouvement de dépréciation justifiée de l'euro sera bien plus bénéfique à la croissance qu'une énième augmentation des dépenses publiques, qui serait *in fine* inefficace, dans la mesure où elle coûterait bien plus cher (en termes de dette et d'augmentation des impôts futurs) que ce qu'elle rapporterait à court terme.

C'est peut-être là que réside le point de réconciliation entre les Allemands et les Français. En effet, en continuant d'afficher leurs divergences, ceux-ci vont accroître les craintes sur l'avenir de l'UEM, relançant l'euro à la baisse et préparant de cette façon le retour de la croissance.

Plus fondamentalement, pour faire baisser durablement l'euro, il faudra réduire le taux refi de la BCE au moins à 0,5 % et engager des accords internationaux entre l'UEM, les États-Unis, le Japon, la Chine et le Royaume-Uni. Mais attention, si la France s'obstine et engage, seule contre tous, une augmentation de ses dépenses publiques, la crise pourrait prendre une tournure bien plus grave. La baisse mesurée de l'euro deviendrait alors un plongeon, qui pourrait nuire à la crédibilité de la zone et effrayer les investisseurs. Une augmentation des taux longs s'ensuivrait, avec effondrement de l'activité économique à la clé. Entre le paradis et l'enfer, la frontière est parfois étroite.

## Euro killer

Malheureusement, la baisse de l'euro du printemps-été 2012 n'a pas duré suffisamment ! Voilà le drame de la crise eurolandaise : à chaque fois qu'un accord ou un plan de sauvetage est trouvé, l'euro repart à la hausse, ce qui ruine les chances de reprise et donc de sortie définitive de la crise. Dans le même temps, si la vision allemande s'impose à l'UEM, l'euro restera fort, quitte à aggraver la récession.

Car, malheureusement, le retour de l'*euro killer* aura des conséquences dramatiques pour l'économie et l'emploi dans l'UEM. Les pays eurolandais ont connu en partie à cause de lui leur plus grave récession en 2009. C'est aussi « grâce » à lui que la dépression est en train de s'installer dans de nombreux pays du sud de l'Europe.

La vraie difficulté n'est pas de subir une récession, mais de devoir en affronter deux en trois ans. Dès lors, si cette nouvelle récession s'éternise, la Grèce, le Portugal, l'Espagne, voire l'Italie et la France ne s'en remettront pas. En conséquence, l'appréciation récente de l'euro ne peut pas être durable. Elle est simplement liée à un mouvement spéculatif engendré par les décisions pourtant positives de la BCE et des dirigeants politiques eurolandais, ainsi que par la bienveillance excessive de la Fed. Ne l'oublions jamais : la dernière fois que la croissance a été forte dans la zone euro, c'était en 2000, lorsque l'euro valait moins de 0,90 dollar. À l'inverse, à chaque fois que l'euro a dépassé 1,20 dollar, la croissance s'est effondrée.

Les vecteurs de transmission d'un euro trop fort sur l'économie sont triples.

1- Ce dernier renchérit la valeur des exportations, qui deviennent donc trop onéreuses et finissent par reculer. Les entreprises exportatrices sont alors contraintes de réduire leur production, avec souvent des destructions d'emplois et de revenus à la clé.

2- Un euro trop fort signifie que les prix des produits importés reculent. Si cette évolution peut être perçue comme un avantage, notamment pour les consommateurs nationaux, elle se traduit également par un effet pervers bien plus négatif. En effet, si les produits importés sont moins chers, cela signifie que les producteurs nationaux voient la compétitivité-prix de leurs produits se réduire à vue d'œil. Ils perdent donc des parts de marché, réduisent la voilure et licencient. Les revenus sont abaissés et la consommation avec.

3- Lorsque l'euro est trop cher, investir dans la zone euro depuis l'étranger devient très onéreux, tandis qu'investir à l'étranger devient meilleur marché pour un Eurolandais. Dès lors, les flux d'investissements étrangers vers l'UEM se tarissent et les flux d'investissements eurolandais à l'étranger augmentent, réduisant mécaniquement la croissance et l'emploi dans la zone euro, qui voit alors ses déficits publics et sa dette s'accroître...

Pour faire simple, à chaque fois que l'euro s'apprécie de 10 %, la croissance perd environ 0,5 point. Dès que la barre de 1,35 dollar pour un euro est franchie, cette déperdition de croissance pour 10 % d'appréciation est doublée. À l'inverse, lorsque l'euro se déprécie de 10 %, la progression de l'activité gagne 0,5 point. Et lorsque celui-ci passe sous 1,15 dollar, ce gain de croissance pour 10 % de dépréciation est également doublé.

Par ailleurs, l'impact d'une baisse de l'euro sur les cours des matières premières, qui deviendraient donc plus chères, serait limité. En effet, lorsque l'euro recule, le dollar s'apprécie et, généralement, cette appréciation du billet vert se traduit par une désaffection des investisseurs pour les matières premières et notamment le pétrole, qui voient donc leurs cours baisser.

En définitive, si l'on veut sortir de la récession et plus globalement de la crise de la dette, l'euro est condamné à repartir à la baisse. Soit dans la douceur, via une meilleure gouvernance économique et monétaire tant européenne que mondiale, soit dans la douleur avec une aggravation de la récession qui deviendra alors dévastatrice. C'est là tout le paradoxe de l'euro : plus il est cher, plus l'économie eurolandaise souffre et plus l'UEM est menacée d'explosion.

## Exil fiscal

Il y a encore quelques trimestres, les risques de multiplication des exilés fiscaux faisaient sourire. « Marginaux », disaient certains, « stupides », disaient d'autres. Pourtant, à mesure que les mois se succèdent et que s'allonge la liste des émigrés français à l'étranger, la donne a définitivement changé : oui, l'exil fiscal est une réalité. Il pourrait même se transformer en un véritable exode.

Certes, ce ne sont pas les départs de Gérard Depardieu, de Johnny Hallyday, ni même celui de Bernard Arnaud qui vont mettre la France à genoux. Toutefois, au-delà de leurs impacts médiatiques, ces exils volontaires constituent la partie émergée d'un iceberg bien plus ravageur. En effet, même s'il paraît difficile de chiffrer le nombre exact des exilés fiscaux passés et surtout à venir, il est clair que la décision gouvernementale d'augmenter encore la pression fiscale a agi comme un déclencheur pour de nombreux Français qui refusent d'être pris pour des moutons que l'on tond en permanence sans même laisser le temps à la toison de repousser.

Fin 2011, lors d'un débat avec Jean-Luc Mélenchon sur *arretsurimages.net*, j'avais eu l'outrecuidance de lui faire la remarque suivante : « *Êtes-vous conscient que si nous augmentons encore massivement la pression fiscale en France, un nombre impressionnant de Français va finir par quitter l'Hexagone ?* » Ce à quoi le leader du PDG (Parti de gauche) avait répondu : « *Mais qu'ils partent, ces gens-là sont des traîtres et pendant la Révolution française on les a tondus.* » Force est de constater que les déclarations de Jean-Marc Ayrault traitant Gérard Depardieu de « *minable* » se rapprochent dangereusement de la stigmatisation réclamée par l'extrême gauche. Après les dérapages d'Arnaud Montebourg, c'est donc au tour du Premier ministre d'attiser la « haine des classes ». À l'évidence, le bateau commence à prendre l'eau.

Bien entendu, il est tout à fait normal de payer des impôts dans son pays, ne serait-ce que par reconnaissance, et surtout par solidarité envers les plus démunis. Si l'impôt permet de dynamiser la croissance économique, de réduire les inégalités et de vaincre la pauvreté alors, oui, il s'avère tout à fait salutaire. Mais est-ce vraiment le cas en France ? Depuis les années 1980, les impôts et les dépenses publiques n'ont cessé d'augmenter, que ce soit en valeur, en volume (c'est-à-dire hors inflation) et surtout en pourcentage du PIB. Or, en dépit de cette gabegie de dépenses publiques et de cette fiscalité de plus en plus confiscatoire, la croissance structurelle de la France est passée de 2,5 % à moins de 1 %, le chômage atteint des proportions dramatiques, les inégalités augmentent et la pauvreté s'accroît. Autrement dit, les Français paient de plus en plus d'impôts, mais l'économie française et la solidarité qu'elle devrait mettre en place fonctionnent de moins en moins bien.

En réalité, l'obstination à augmenter sans cesse la pression fiscale casse la croissance, ce qui finit par réduire l'assiette fiscale et limiter les recettes de l'État. Conséquence logique de ce manque de clairvoyance et de ce dogmatisme maladif, les déficits publics n'ont cessé de croître, entraînant la dette vers des niveaux inadmissibles. Le plus drôle (du moins pour les amateurs d'humour noir) est que les gouvernements successifs, et notamment l'actuel, utilisent justement l'argument de la nécessité de réduire les déficits pour justifier leurs augmentations d'impôts. La boucle est donc bouclée, mais dans le mauvais sens. Et pour faire croire aux citoyens que l'aggravation de la pression fiscale est normale, on montre du doigt ceux qui en ont assez de payer énormément pour alimenter le mammouth de la dépense publique sans réduire les inégalités.

Dans la mesure où nous vivons (heureusement d'ailleurs) dans une économie internationale ouverte, les plus aisés pourront alors quitter la France. Le dindon de la farce sera donc, une fois encore, la classe moyenne qui s'appauvrit d'année en année.

Au-delà des artistes, chefs d'entreprise et autres ingénieurs qui quittent la France, ce sont des milliers d'emplois qui sont en danger. Avec un taux de chômage de bientôt 11 %, il est clair que les destructions d'emplois à venir ne feront qu'aggraver la situation, accroître les déficits et la dette, incitant de nouveau nos dirigeants à augmenter encore les impôts... Le cercle pernicieux continuera jusqu'à ce que mort s'ensuive.

À force de brider la réussite, de réduire les gains potentiels de ceux qui ont pris des risques pour créer des richesses et de l'emploi dans l'Hexagone, les dirigeants nationaux mettent notre douce France en péril. Dire cela n'est pas une marque d'ultralibéralisme, mais simplement de bon sens. Tous les Français sont prêts à payer des impôts, mais il faut que ces derniers soient efficaces, tant en terme de croissance que d'emploi et de réduction des inégalités.

Il faut donc arrêter de liguer les Français les uns contre les autres et d'attiser la lutte des classes. Le seul moyen de sortir la France du marasme est, au contraire, de réduire la pression fiscale qui pèse sur les ménages et les entreprises. Pour y parvenir, la puissance publique doit montrer l'exemple et réduire ses dépenses de fonctionnement (qui, rappelons-le, ont augmenté de 100 milliards d'euros au cours des dix dernières années, soit plus de 4 %

d'augmentation par an). Si les dirigeants français s'obstinent à faire l'inverse et à stigmatiser les Français qui ont réussi et qui paient donc beaucoup d'impôts, alors il faut se préparer à un véritable exode fiscal qui coûtera très cher à notre beau pays, et ce, pendant de très nombreuses années.

# F

## FAILLITE

Comme nous l'avons déjà évoqué avec le terme « actif net », un ménage, une entreprise ou un État est considéré en faillite lorsque son actif net est négatif, c'est-à-dire que, même s'il venait à vendre tous ses actifs, il ne pourrait pas rembourser la totalité de sa dette. Avant d'avoir à subir une telle déchéance, de nombreux acteurs économiques préfèrent se déclarer en situation de défaut, version édulcorée de la faillite. Aux États-Unis, certaines entreprises peuvent opter pour un tel choix, en se mettant sous la protection de ce que l'on appelle le *chapter 11*, ce qui leur permet de laisser leurs créanciers de côté, en suspendant leur dette pendant le temps de la procédure, de manière à relancer la machine. Souvent, cette stratégie n'est qu'un moyen de gagner du temps et de repousser l'échéance inévitable de la faillite définitive. Mais parfois, cela permet aussi de sauver l'entreprise. Ce fut par exemple le cas pour General Motors en 2009. La transposition de cette disposition dans le droit français s'appelle la procédure de sauvegarde et n'a été instaurée qu'en juillet 2005. Mieux vaut tard que jamais...

Pour un pays, le défaut est souvent définitif et permet de s'émanciper du remboursement de tout ou partie de sa dette. Cette décision le mettra au ban des Nations créancières pendant de nombreuses années, suscitant une crise économique et sociale durable. Au cours des deux derniers siècles, les exemples de pays ayant fait un tel choix sont nombreux. Il y a d'abord les habitués. À commencer par le Mexique, en 1827 et 1982, l'Argentine, en 1890 et 2001, ainsi que le Brésil, en 1902 et 1983. Pour ces trois pays, il ne s'agit que des principaux défauts, sachant que, au total, une dizaine d'autres moins conséquents ont eu lieu depuis le XIX<sup>e</sup> siècle. C'est triste à dire, mais le défaut fait presque partie des us et coutumes dans la quasi-totalité des pays d'Amérique latine.

Il en est de même sur le continent africain. La liste des défauts et des faillites serait néanmoins trop longue. Voici donc les cas les plus célèbres : le Nigéria (1982, 1986, 1992, 2001, 2004), l'Afrique du Sud (1985, 1989, 1993) et le Zimbabwe (1965, 2000, 2006).

En Asie, on notera principalement les Philippines en 1983, le Pakistan en 1998, mais aussi la Chine en 1939.

Enfin, en Europe (de l'Atlantique à l'Oural, selon la définition gaullienne), les principales situations de défaut avec faillite remontent à la Russie en 1917 et en 1998, la Turquie en 1978, l'Espagne en 1877, la Grèce en 1893, sans oublier l'Allemagne en 1932.

Qui seront les prochains sur la liste ? Les pays qui apparaissent les plus en danger actuellement sont la Grèce, le Venezuela, l'Argentine, mais aussi le Portugal, l'Espagne et, peut-être bientôt, la France...

## Faire l'autruche

Crise sans fin, dette publique explosive, zone euro en danger, récession qui se généralise, chômage en hausse. À l'évidence, les dernières années ont été particulièrement difficiles pour les pays européens. Et si certains ont laissé penser que ce cauchemar interminable était l'apanage des pays d'Europe du Sud, l'effondrement du climat des affaires et la multiplication des plans de licenciements en France montrent que celle-ci est tout aussi concernée que ses partenaires, en attendant d'être rejointe par l'Allemagne dans quelques mois.

Bref, dans ce contexte particulièrement dramatique, il pourrait être tentant, voire salutaire, de tout débrancher. Éteindre son téléphone, ne plus écouter la radio, ni regarder la télé, ni même lire les journaux. Seulement voilà, faire l'autruche ne sert strictement à rien. Certes, nous pourrions être tentés de baisser les bras et de prendre un billet sans retour pour un pays où la liberté d'entreprendre est valorisée et où la pression fiscale reste raisonnable. Si, si, cela existe toujours... Mais quitter le navire ne servirait pas à grand-chose, et pourrait même donner des arguments à ceux qui veulent faire de la France un pays de nivellement par le bas.

Bien sûr, certains salaires mirobolants ont de quoi choquer. Cependant, face à de tels excès, il faut simplement se souvenir de trois réalités déterminantes. D'abord, si un employeur est assez fou pour payer des salaires démentiels, il n'est pas possible de le lui interdire, sauf à instaurer une dictature. Ensuite, la richesse créée par le « gros salarié » est généralement supérieure à son coût. Sinon, il est clair que le salarié sera licencié ou que son salaire sera fortement abaissé. Malheureusement, il arrive parfois, notamment en France, que, dans certains cas et pour des raisons obscures (telles que l'appartenance à une caste ou toute autre connivence malsaine), un salarié, voire un patron, complètement inefficace, continue de toucher un salaire excessif. On pourra alors se consoler en pensant que ce « gros salarié » dépensera fortement en France et alimentera, de fait, le « business » dans l'Hexagone. Enfin, ce salarié méritant ou non contribuera à augmenter les recettes fiscales et, normalement, aidera l'État Providence à faire son boulot.

En résumé, il ne sert à rien de s'offusquer de tel ou tel salaire, car, sauf dans certains cas très spéciaux (banditisme, fraude, castes...), les gains récupérés par la collectivité sont conséquents. David Cameron a montré qu'il avait compris le mécanisme lorsqu'il a appelé les Français et les chefs d'entreprise plus ou moins fortunés à émigrer vers le Royaume-Uni. De la sorte, ces derniers viendront augmenter la consommation et les recettes fiscales outre-Manche, tout en produisant l'effet inverse dans l'Hexagone. Or, s'il y a moins d'activité et moins de rentrées fiscales en France, le déficit public, la dette et le chômage s'accroîtront, jusqu'à l'avènement d'une crise sociale sans précédent. Les décisions d'augmentation massive des impôts par l'actuel gouvernement ainsi que les nombreux plans de licenciement (et notamment ceux de PSA, Renault, Mittal, Goodyear...) montrent que ces dangers ne sont pas seulement dans la tête de votre serviteur. Ils sont devenus réalités. À ce rythme, MM. Hollande et Ayrault n'auront bientôt plus rien à envier à M. Papandréou.

Aussi, il est de notre devoir de continuer à dire la vérité. Oui, le taux de chômage va encore progresser fortement en France au cours des prochains mois. Selon mes estimations, il sera d'au moins 12 % d'ici la fin 2013. Et encore, ce résultat tient compte de la faible augmentation de la population active. Si nous étions dans les années 1990 (lorsque cette dernière progressait d'environ 300 000 personnes par an), le taux de chômage serait déjà supérieur à 12 %.

Pour ne rien arranger, lorsque l'on observe les réactions et les propositions de l'actuel gouvernement pour essayer de restaurer la croissance et/ou de faire face aux différents plans de licenciement, cela fait froid dans le dos. Peut-on effectivement continuer de laisser croire aux Français que l'État a encore les moyens de créer des aides factices pour tel ou tel secteur d'activité, voire qu'il pourrait s'ingérer dans les affaires internes d'une entreprise privée, quitte à entrer dans son capital ? Arrêtons donc de prendre des vessies pour des lanternes. Depuis une vingtaine d'années, la France s'est engagée avec obstination dans une voie sans issue, avec, à droite, l'augmentation des dépenses publiques, à gauche, l'accroissement des impôts et, au bout du chemin, la faillite. Aujourd'hui, le mur se rapproche dangereusement. Mais la France accélère et klaxonne, pensant peut-être qu'ainsi le mur va disparaître. Évidemment, il n'en sera rien. Malheureusement, c'est notre génération qui va devoir gérer le choc frontal alors qu'elle n'y est pas du tout préparée et que nos dirigeants le sont encore moins.

## Fédéralisme

C'est l'un des ingrédients obligatoires pour sortir la zone euro de la crise. D'ailleurs, cette dernière n'a fait que confirmer que l'UEM ne peut perdurer sans un minimum d'union politique. En effet, tant que l'UEM n'est pas complétée par une institution politique supranationale, elle reste menacée par la moindre crise d'un de ses membres, quand bien même celui-ci serait le plus petit. Cette nécessité n'est pas nouvelle, elle est écrite noir sur blanc dans le traité de Maastricht, qui souligne que la zone euro n'est qu'une étape de la construction européenne vers une Union politique et fédérale. Que l'on soit pour ou contre, il est clair que sans une telle réalisation, l'UEM ne pourra survivre. Le fédéralisme eurolandais signifiera donc une véritable harmonisation des conditions réglementaires et fiscales, un marché du travail unique, et surtout un budget fédéral.

Aux États-Unis, ce dernier représente 20 % du PIB. En Europe, le budget communautaire, embryon potentiel d'un futur budget fédéral, avoisine 1 % du PIB. Pour accroître cette part et instaurer un véritable budget fédéral, il ne faut surtout pas créer de nouvelles dépenses et de nouveaux impôts. Non, un budget eurolandais efficace doit absolument passer par un transfert d'une partie des budgets des différents État membres vers un budget supranational qui serait d'ailleurs sous l'autorité d'un ministre de l'Économie de l'ensemble de la zone euro.

Malheureusement, lorsque l'on connaît les difficultés au sein de chaque pays eurolandais pour réduire les déficits et créer un budget efficace (c'est-à-dire créateur de croissance et d'emplois, sans gaspillage), on se rend compte combien la tâche sera difficile.

## FLIGHT TO QUALITY

À chaque crise, un mouvement de *flight to quality* (en français : envol vers la qualité) s'observe. Il signifie que les investisseurs délaissent les actifs et/ou les pays, et/ou les entreprises au cœur de la crise pour se réfugier vers des placements moins dangereux. Lors de la crise asiatique de 1997, les investisseurs, qui étaient pourtant jusqu'alors très friands des places émergentes, se sont littéralement envolés vers les pays considérés comme plus sûrs, en l'occurrence les pays développés. Lors de l'effondrement des marchés boursiers en 2001 et en 2008-2009, ils ont fui ces derniers pour se réfugier sur les marchés obligataires et/ou sur ceux des matières premières.

Lors de l'actuelle crise de la dette publique eurolandaise, les investisseurs ont également délaissé les obligations des États en difficulté (Grèce, Portugal, Espagne, Italie) pour se focaliser sur des obligations d'État à priori plus sûres, et notamment celles de l'Allemagne, des Pays-Bas, mais aussi de la France. C'est ce qui explique la faiblesse artificielle des taux d'intérêt des obligations de l'État français.

Principal effet pervers du *flight to quality* : il alimente un choc asymétrique, c'est-à-dire qu'il a tendance à aggraver la situation dans les pays en difficulté, au profit de ceux qui s'en sortent et qui s'en sortiront donc de mieux en mieux. Ainsi, lorsque les investisseurs ont quitté la Grèce et notamment ses obligations d'État, les taux d'intérêt de ces dernières ont flambé. Du coup, les crédits à l'économie se raréfient, ce qui se traduit par une baisse de l'investissement, de l'emploi et de la consommation. D'où une aggravation de la récession et une nouvelle augmentation des déficits publics, donc de la dette. Autant d'évolutions qui incitent les investisseurs à fuir davantage le pays, entraînant une nouvelle phase d'augmentation des taux d'intérêt…

À l'inverse, dans les pays qui bénéficient du *flight to quality*, une sorte de bulle s'installe, puisque les taux d'intérêt baissent excessivement par rapport à la réalité économique. C'est exactement ce qui s'observe dans l'Hexagone depuis 2012 et prendra fin avec la confirmation de la récession française et du non-respect des objectifs gouvernementaux de baisse des déficits publics. Le réveil risque alors d'être douloureux.

## FMI

Pour de nombreux Français, et un peu partout d'ailleurs, ces trois lettres sont souvent associées à trois autres : DSK. Ah, le pouvoir des images ! Eh bien, non, bien loin de la blague graveleuse qui circulait au moment des faits, FMI ne signifie pas « femme de ménage incluse », mais Fonds monétaire international.

Il est vrai que, dans cette affaire, les symboles ont marqué les esprits. En quelques heures, celui qui était perçu comme l'un des « maîtres » du monde économique et financier s'est retrouvé accusé, humilié et incarcéré dans une cellule de douze mètres carrés. À l'évidence, cela a de quoi calmer l'arrogance et le sentiment d'impunité qui prévalent souvent au sein des élites, notamment françaises. Bien que très difficiles à acquérir, l'humilité et le self-control sont certainement les principales qualités que l'on attend d'un dirigeant, quel qu'il soit.

Pourtant, au lieu de relativiser et de prendre du recul, de nombreuses personnalités politiques et économiques sont montées au créneau en passionnant le débat et en dramatisant les conséquences économiques et financières de l'arrestation de DSK. Certains ont crié au complot, d'autres ont indiqué que ces événements les empêchaient de dormir. D'autres encore n'ont pas hésité à avancer que, sans DSK, le FMI allait perdre sa crédibilité, que la crise grecque allait redoubler d'intensité, voire que la zone euro exploserait... Et pourquoi pas le déclenchement d'une guerre entre la France et les États-Unis ?

Bientôt deux ans après cette fameuse affaire, force est de constater qu'avec ou sans DSK le FMI n'a pas changé : tantôt pompier, tantôt pyromane et toujours donneur de leçons. Certes, ses moyens financiers ont été légèrement augmentés. Depuis 2011, il dispose ainsi de 360 milliards de dollars de quotes-parts apportées par ses principaux membres. Il y en a 188 au total, mais les plus gros contributeurs sont les États-Unis, le Japon, l'Allemagne, le Royaume-Uni, la France et la Chine. À cela, s'ajoute la possibilité de mobiliser 1 000 milliards de dollars en cas de besoin.

Au regard de l'ampleur des crises des dettes publiques passées et à venir, il n'est pas certain que ces sommes mirobolantes soient suffisantes. Pour l'instant, les encours de prêts du FMI atteignent près de 280 milliards de dollars, les principaux emprunteurs étant la Grèce, le Portugal et l'Irlande.

Mais, indépendamment du fait que ses moyens financiers pourraient un jour s'avérer trop limités, le FMI commet beaucoup trop d'erreurs de diagnostic. Par charité, nous ne les rappellerons pas toutes (il faudrait d'ailleurs un dictionnaire entier juste pour elles). Souvenons-nous simplement qu'en 2007-2008, le FMI annonçait une croissance durablement forte, avec en tête la zone euro. À l'inverse, en 2009, il prédisait que le PIB mondial allait chuter d'environ 5 %. Et ce, en dépit des plans de relance qui, à l'échelle de la planète, ont avoisiné les 5 000 milliards de dollars (soit 9 % du PIB mondial). Il estimait également que la récession internationale allait durer plusieurs années. Pourtant, en 2009, le PIB mondial n'a baissé que de 0,6 %, puis a progressé de 5,1 % en 2010, et se maintient sur un rythme annuel moyen de 3,3 % depuis…

Mais au-delà de ces erreurs classiques de prévisions (n'a-t-on pas créé les économistes par solidarité avec les météorologues, pour que ces derniers ne soient plus les seuls à se tromper ?), la vraie carence du FMI réside dans son manque d'adaptabilité à la réalité économique, qui confère souvent au dogmatisme dangereux. Il est par exemple frappant d'observer que, au cours de toutes les crises de la dette qui ont secoué la planète depuis trente ans, les discours du FMI ont quasiment toujours été les mêmes : « faites de la rigueur et nous vous prêterons de l'argent ». Seulement voilà, poussée à son extrême et sans possibilité de retrouver la croissance, la rigueur produit souvent des crises sociales et sociétales. Après l'Argentine, il y a un peu plus de dix ans, la Grèce et de nombreux pays européens (Portugal, Espagne, Chypre…) sont dans une situation très proche. La question est simplement de savoir s'ils réussiront à tenir et à éviter les dérapages sociétaux. Rien n'est moins sûr.

Évidemment, le FMI pourra toujours se réfugier derrière ses statuts mais, une fois qu'une maison et ses occupants ont été dévastés par l'incendie, les pompiers ne servent plus à grand-chose.

## Fonds souverains

Si le FMI continue d'agir avec dogmatisme et retard, il y a d'autres types de fonds qui, eux, ne perdent pas de temps, en l'occurrence les fonds souverains, et en particulier ceux des pays émergents. Ceux-ci sont tout simplement des fonds d'État, qui gèrent des excédents publics. Ces fonds sont généralement le produit de rentes (par exemple, le pétrole pour les pays du Golfe), d'excédents commerciaux (comme pour les entreprises publiques chinoises) ou encore, très rarement, d'excédents des comptes publics.

Les sommes récoltées dans ce type de fonds deviennent ainsi colossales. Si l'on ajoute les fonds privés à ces fonds souverains, on estime qu'actuellement, il y aurait environ 4 000 milliards de dollars de cash pour le seul monde émergent. C'est ce que j'appelle le revers de la médaille de la mondialisation. Car, bien loin de subir le diktat des pays développés, les pays émergents sont en train de devenir les créanciers de leurs « aînés » et donc, de fait, la pierre angulaire de la crise de la dette publique.

En effet, que ce soit au niveau des entreprises occidentales, dont la valeur a été injustement abaissée par la crise, ou à celui des États, le besoin de fonds prêtables et/ou d'investisseurs est énorme. Or, qui dispose encore de liquidités aujourd'hui ? Les fonds souverains et les fonds privés du monde émergent. Lorsque l'on voit comment la Grèce a ouvert la porte à la Chine, comment la France en fait de même avec le Qatar, il y a de quoi se poser des questions.

Évidemment, à court terme, tout le monde est content : les pays en recherche de liquidités (notamment pour financer leurs excès de dette) les obtiennent et les pays en quête de bonnes affaires les trouvent. Mais à moyen terme, ces « échanges » se traduiront forcément par une perte d'indépendance pour les pays débiteurs.

## France

Ce n'est malheureusement pas une surprise, la France a perdu de sa superbe. En effet, depuis une dizaine d'années, notre économie a reçu plusieurs gifles lourdes de conséquences : croissance durablement molle, chômage structurellement élevé et, plus récemment, dégradation de la note de sa dette publique, remontrances allemandes, moqueries anglaises, avertissement américain en matière d'attractivité hexagonale et, pour couronner le tout, confirmation par l'INSEE qu'après avoir connu une récession historique en 2009, l'économie nationale est déjà en train de replonger dans les affres de la régression.

À l'évidence, il aurait été difficile de faire pire. Face à cette avalanche de mauvaises nouvelles, le président Hollande et le Premier ministre Ayrault n'ont même pas eu le temps de profiter des pleins pouvoirs qui ont été conférés au Parti socialiste en 2012 : présidence, Assemblée, Sénat, Régions, cantons, communes… Encore mieux, ou encore pire (en fonction de son bord politique) qu'en 1981…

Malgré ce grand chelem, les dirigeants français font face à un dilemme : faut-il profiter de cette hégémonie pour aller au clash avec l'Allemagne et les autres partenaires de la zone euro ? Ou, au contraire, faut-il utiliser cette « vague rose » pour responsabiliser les partenaires politiques et syndicaux de manière à réduire les dépenses publiques et à réformer l'économie française ?

En dépit d'efforts marketing réguliers qui laisseraient croire qu'une réduction des dépenses publiques pourrait avoir lieu dans les prochains mois, pour le moment, la première stratégie semble être favorisée. Les mesures prises jusqu'à présent vont bel et bien dans le sens d'une augmentation des dépenses publiques et d'un alourdissement de la pression fiscale. Et même lorsque le Conseil constitutionnel bloque la taxation à 75 % des revenus annuels supérieurs à 1 million d'euros, le gouvernement contre-attaque en annonçant que, quoiqu'il arrive, il finira par mettre son projet à exécution. Une véritable obstination maladive…

Dans ce cadre, les attaques ironiques de David Cameron et de certains dirigeants anglais, qui promettent de « *dérouler le tapis rouge* » aux entrepreneurs français fiscalement assommés, constituent presque un avertissement amical à l'égard d'un François Hollande qui paraît hermétique à la concurrence internationale. Car il faudra bien un jour regarder la réalité en face : si les entreprises françaises investissent à l'étranger, si de plus en plus d'ingénieurs et d'entrepreneurs quittent notre douce France pour ne plus revenir, ce n'est pas par manque de patriotisme, mais surtout pour des raisons de survie liées notamment au manque de compétitivité de l'économie hexagonale. À cet égard, les 400 000 Français qui habitent à Londres n'ont pas attendu les conseils de Mr Cameron pour faire leur baluchon.

C'est en cela que les difficultés rencontrées par les dirigeants politiques français doivent être utilisées à bon escient : comment peut-on encore vouloir augmenter la pression fiscale française alors que c'est l'une des plus élevées du monde ? 46 % de prélèvements obligatoires par rapport au PIB (selon les prévisions du gouvernement pour 2013) et un taux d'imposition moyen sur les entreprises de 35 %. Il n'y a guère que les pays scandinaves pour nous battre sur ces fronts.

De même, comment peut-on encore vouloir augmenter les dépenses publiques, alors qu'elles représentent plus de 56 % de notre PIB ? Comment peut-on continuer de faire supporter près de 60 % de notre économie par les 40 % restants qui n'auront bientôt d'autres choix que de périr ou de partir ?

Tous les pays de la planète ont compris ces évidences, sauf la France. S'il est vrai que le syndrome d'Astérix et du village gaulois qui résiste au monde entier est plaisant, il ne nous aide guère à avancer.

Alors, de grâce, messieurs Hollande et Ayrault, n'écoutez pas ceux qui rêvent d'une taxation confiscatoire. Pourquoi vouloir absolument niveler par le bas, alors que la France et ses entreprises ont tellement d'atouts ? Jusqu'à présent, ces dernières ont su faire face à l'adversité, mais ceci ne durera pas éternellement.

# G

## Gâchis

Si la crise de la dette était presque inéluctable dans certains pays tels que la Grèce ou l'Espagne, elle aurait pu être largement évitée dans l'Hexagone. À l'instar de l'Allemagne, la France aurait ainsi pu garder son leadership économique et politique au sein de la zone euro. En effet, au cours des quinze dernières années, les dirigeants français ont eu trois occasions claires d'engager notre pays sur la voie de la modernisation économique, ce qui lui aurait permis d'améliorer sa croissance, de réduire ses déficits et d'éviter ainsi de plonger dans la spirale de la dette. Malheureusement, ces trois « aubaines » ont été littéralement gâchées.

La première occasion manquée date des années 1998-2000. À l'époque, la croissance était forte (près de 4 % par an), portée notamment par la révolution des NTIC (nouvelles technologies de l'information et de la communication), une croissance mondiale vigoureuse, un baril peu cher et un euro faible. Il était donc aisé de réduire les dépenses publiques superflues, en particulier en matière de fonctionnement.

Pourtant, en dépit de ces « cadeaux du ciel », le gouvernement français de l'époque, celui de Lionel Jospin, n'a eu ni le courage ni l'envie de diminuer les dépenses et les déficits structurels. Il les a même augmentés, préférant mettre en exergue une « cagnotte » qui n'en était pas une. Comment peut-on effectivement parler de « cagnotte » alors que les déficits publics restent élevés ? Contre toute rationalité économique et tout esprit de responsabilité à l'égard des générations à venir, ce gouvernement a transformé un excès de recettes fiscales conjoncturelles en un accroissement des dépenses publiques structurelles. Car, bien évidemment, dans la tradition hexagonale, lorsque l'on augmente une dépense publique, on ne revient quasiment jamais dessus.

Parallèlement, les dirigeants français ont choisi de réduire la durée légale du travail, donc d'augmenter le coût de ce dernier, tout en rigidifiant le marché de l'emploi. Ensuite, il y eut le krach Internet, les attentats du 11 septembre 2001, la guerre en Afghanistan, et la croissance forte a déserté pour ne plus jamais revenir, du moins en France. Aussi, dès que la croissance est revenue vers un niveau plus normal (c'est-à-dire autour des 1 %), les déficits publics ont de nouveau explosé. Cette stratégie de court terme, et par définition inefficace, ne portera d'ailleurs pas bonheur à son instigateur, puisque Lionel Jospin ne passera même pas le premier tour des élections présidentielles de 2002, laissant Jacques Chirac être réélu avec plus de 80 % des voix.

D'où la seconde occasion gâchée, puisqu'en dépit de cette réélection plus que confortable et bien qu'il entamât son second et dernier mandat, Chirac n'engagea aucune réforme de fond. Il y eut bien la réforme des retraites, estampillée Fillon, mais elle s'avéra vite caduque dans la mesure où son cadrage financier tablait sur une croissance économique de 3 % et sur un taux de chômage de 4,5 %… Or, ce dernier est remonté vers les 9,5 % dès 2006.

La roue a cependant tourné une nouvelle fois. Grâce à un effet de rattrapage de la faiblesse passée, mais surtout grâce à une croissance mondiale forte, l'économie française a renoué avec un semblant de dynamisme. La progression du PIB s'est redressée et le taux de chômage est redescendu pour atteindre un point bas de 7,1 % au premier trimestre 2008.

Mais notre pauvre économie a connu un troisième gâchis à partir de 2007, année qui devait être marquée par une rupture, qui ne vint jamais. *Flash back*. Alors que la crise des *subprimes* n'a pas encore éclaté, le président Sarkozy promet qu'il va moderniser la France et redonner du travail et du pouvoir d'achat à un maximum de Français. Malheureusement, la première année de cette présidence n'a pas été utilisée pour réduire la dépense publique, ni la pression fiscale, ni même les rigidités du marché du travail. Fort heureusement, certaines réformettes ont été décidées, mais elles ont été bien insuffisantes par rapport à celles qui étaient pourtant indispensables.

Le baril à 150 dollars, l'irresponsabilité de la BCE, l'euro à 1,60 dollar, la faillite de Lehman Brothers, la crise financière, puis celle de la dette publique et enfin celle de la zone euro ont alors fait le reste. La France a donc logiquement plongé dans la récession et le chômage a flambé. Ainsi, bien qu'ayant été élu sur un programme de baisse des dépenses publiques, le président Sarkozy ne parvint pas à tenir ses promesses et quitta l'Élysée avec un ratio de dépenses publiques/PIB de 56 %, soit presque 4 points de plus qu'à son arrivée.

Face à de tels gâchis, la France a naturellement succombé à la bulle de la dette, perdant au passage son leadership économico-politique européen au profit de l'Allemagne. La vie, y compris politique, est une succession d'opportunités. Il s'agit simplement de ne pas les gâcher.

## Grèce

Cela en devient presque lassant. Depuis la fin 2009, tous les six à neuf mois, nous avons droit à une nouvelle crise grecque, avec ses faux-semblants, ses dangers et ses « vraies fausses » solutions. À chaque fois, la majorité des économistes et des politiciens bien-pensants se répandent un peu partout pour annoncer que la crise grecque et celle de la zone euro sont terminées. Malheureusement, rien n'a jamais été réglé. Bien au contraire. En fait, les dirigeants eurolandais ont simplement posé des gros pansements sur une plaie béante sans la cautériser. Si bien que lorsque le pansement s'effiloche, puis disparaît, la plaie est non seulement toujours là, mais elle s'est, de surcroît, infectée.

En effaçant la moitié de la dette grecque détenue par des agents privés, les Européens n'ont fait que gagner du temps. Car, dans la mesure où l'euro est resté trop fort et où rien n'a été mis en œuvre pour soutenir la croissance, la Grèce a continué de sombrer dans la récession et dans le malaise social. Depuis le début de la crise (c'est-à-dire depuis le quatrième trimestre 2007), le PIB hellène a plongé de 27 %. Conséquence logique de ce marasme, le taux de chômage atteint désormais 27 %, et 57 % pour les moins de vingt-cinq ans. Quant à la bourse d'Athènes, son indice phare a chuté de 90 % depuis le début 2008. De quoi peut-être rappeler à certains que l'augmentation du chômage et la baisse boursière vont souvent de pair.

Pour « couronner » le tout, la Grèce s'est engagée dans une crise politique qui rappelle de bien mauvais souvenirs, avec, qui plus est, une extrême gauche qui est toujours à deux doigts de prendre le pouvoir et un parti néonazi qui est entré au Parlement. Cela confirme que, sans union politique, la zone euro reste menacée par un pays qui ne représente que 2 % de son PIB.

Face à ce chaos, certains n'hésitent pas à ressortir les vieilles rengaines d'une sortie de la Grèce de la zone euro, qui, selon eux, permettrait de sauver l'UEM, la Grèce et *tutti quanti*. Soyons clairs : une telle option serait tout simplement catastrophique pour la Grèce, pour la zone euro et pour la stabilité économico-financière de la planète.

Avant toute chose, il faut rappeler qu'il n'est pas possible aux membres de la zone euro de « sortir » un des leurs. Le choix appartient à chacun des pays. Or, quand bien même la Grèce accepterait de s'exclure de la zone (en vertu de la clause d'*opting out*), elle ne bénéficierait plus de la « protection » de cette dernière et devrait alors payer des taux d'intérêt à dix ans d'au minimum 30 % pour financer sa dette publique. Ce renchérissement se répercuterait à l'ensemble des crédits à l'économie et entraînerait un nouvel effondrement de l'investissement, donc de la croissance et de l'emploi. La récession redoublerait d'intensité et les déficits publics s'envoleraient de nouveau.

Parallèlement, le remplacement de l'euro par la drachme susciterait une flambée inflationniste, une dépréciation notable de l'épargne et une réduction massive du pouvoir d'achat des ménages, d'où un nouvel effondrement de la consommation, donc de la croissance… Pris à la gorge, les Grecs n'auraient alors d'autres choix que de fermer leurs frontières financières et d'annuler la totalité de leur dette. C'est à ce moment-là que l'effet de contagion se répandrait à l'ensemble des pays de l'UEM. Car les États européens détiennent environ 290 milliards d'euros de dette grecque, dont 80 milliards pour l'Allemagne et 60 milliards pour la France. Si la Grèce supprimait sa dette, ses actuels partenaires devraient « s'asseoir » sur une partie significative de leurs créances. Pour la France, cela représenterait environ 3 % de son PIB. Son déficit public ne serait donc plus de 4,6 % du PIB mais de 7,6 % ! Dans ce cadre, les notes des obligations d'État seraient fortement dégradées (de deux à trois crans), ce qui susciterait une importante augmentation des taux d'intérêt dans tous les pays de la zone euro (au-dessus des 4 % pour le taux à dix ans français) et finirait par aggraver la récession qui est déjà de retour dans l'UEM. Les déficits se creuseraient encore et la dette publique avec…

Au total, la facture des 290 milliards d'euros de suppression de la dette grecque pourrait être triplée, voire plus.

En outre, la sortie de la Grèce de la zone euro créerait un précédent et pourrait donner de mauvaises idées à d'autres, entraînant l'UEM dans une dérive irrécupérable qui se traduirait immanquablement par l'explosion de la zone. Face à ce désastre, certains pays pourraient alors être tentés ou contraints de trouver un protecteur, également appelé « chevalier blanc » dans la théorie des jeux. Comme lors de la chute de l'Empire romain, l'Europe deviendrait le théâtre d'invasions de toutes parts, notamment en provenance d'Asie, d'abord sur le front financier puis capitalistique. Devant cette menace, les grandes puissances européennes mais aussi les États-Unis ne resteraient certainement pas les bras croisés, ce qui transformerait la crise économique en tempête géopolitique majeure.

## Guerre

Alors que l'Union européenne vient de recevoir le prix Nobel de la paix, c'est plutôt la guerre qui règne entre ses pays membres et notamment entre ses trois premières puissances : l'Allemagne, la France et le Royaume-Uni. Certes, il ne s'agit pas d'une guerre militaire, mais d'une guerre économique et politique. En effet, bien loin des consensus de façade habituels et des sourires forcés, les dirigeants politiques allemands, français et britanniques affichent clairement leurs divergences. Échec de la fusion EADS-BAE, tensions au sein de la direction d'Airbus autour du financement de l'A350, mésententes et remontrances sur la stratégie de la BCE ou encore sur le budget européen, référendum sur le maintien du Royaume-Uni dans l'UE… Les exemples du désamour franco-anglo-allemand ne manquent pas.

Angela Merkel n'hésite même plus à tancer François Hollande et David Cameron pour leur manque de discernement et d'efficacité économique. Jusqu'alors très réservés et très europhiles, les Allemands ne cachent plus leurs rancœurs et leurs inquiétudes quant à l'avenir de l'Union européenne et de la zone euro. Selon certains de mes contacts outre-Rhin, le gouvernement allemand aurait demandé à des instituts germaniques indépendants de chiffrer le coût pour l'Allemagne d'une sortie de la zone euro, mais aussi d'un maintien dans cette dernière. À priori, la différence ne serait pas si évidente que d'autres veulent le laisser croire.

Le coût de cet *opting out* allemand se résume principalement à l'appréciation de la future devise germanique, que certains appellent déjà l'euro-Deutsche Mark ou, pour les plus virulents, le nouveau Deutsche Mark. Face à ce renchérissement vis-à-vis de l'ensemble des devises européennes, il pourrait être tentant d'en déduire un effondrement de la compétitivité des produits fabriqués en Allemagne et donc des exportations allemandes. Après avoir soutenu à bout de bras la croissance du pays, ces dernières perdraient donc leur rôle de locomotives.

En apparence imparable, ce raisonnement est pourtant erroné. En effet, si les exportations allemandes sont si dynamiques, ce n'est pas tant grâce à leur prix, mais à la qualité, au savoir-faire et à la technologie développés outre-Rhin. Ainsi, si l'on importe des voitures ou des machines-outils allemandes, ce n'est pas parce qu'elles ne sont pas chères, mais justement parce qu'elles le sont et que leur cherté reflète une excellence confirmée. En outre, il ne faut pas oublier que la part de la zone euro dans les exportations allemandes régresse continuellement. En plus de faire les bons choix sectoriels et technologiques, les entreprises d'outre-Rhin ont effectivement très vite compris qu'elles devaient gagner des parts de marché bien au-delà de l'Europe. À cet égard, soulignons qu'en dépit d'une croissance eurolandaise nulle depuis cinq ans, les exportations allemandes ont progressé de plus de 20 %. En d'autres termes, même si demain l'Allemagne sortait de la zone euro et se retrouvait avec une devise chère, elle continuerait d'exporter massivement.

En fait, le vrai coût d'une sortie de l'Allemagne de la zone euro résiderait dans le risque de « vengeance » de ses anciens partenaires. En effet, en réponse à ce divorce forcé, certains pays eurolandais pourraient tout simplement refuser de rembourser tout ou partie de leurs bons du Trésor détenus par l'État allemand. La facture pourrait atteindre plus de 500 milliards d'euros. Mais s'engager dans une telle stratégie pourrait se retourner contre les pays frondeurs qui se mettraient ainsi *de facto* au ban des nations et verraient leurs taux d'intérêt grimper, avec récession et crise sociale à la clé. Autrement dit, les Allemands pourraient être tentés de prendre ce risque, qui finalement s'avérerait bien moins coûteux qu'escompté.

Concernant les coûts d'une sortie de l'Allemagne de la zone euro, il faut donc bien convenir que ces derniers devraient rester limités pour nos voisins allemands, mais plutôt élevés pour les pays restants. Ne bénéficiant plus de la crédibilité germanique, ces pays subiraient notamment une forte augmentation des taux d'intérêt de leur dette publique, aggravant la crise actuelle.

À l'inverse, l'Allemagne paie le maintien de la zone euro au prix fort. Au-delà des transferts financiers qu'elle consent depuis des décennies (rappelons notamment que l'Allemagne est l'un des rares pays de l'Union européenne qui finance plus de subventions européennes qu'il n'en reçoit), l'économie d'outre-Rhin commence à être entraînée vers le bas par ses partenaires européens. Ainsi, en dépit des réformes douloureuses qu'elle a menées depuis plus de dix ans, l'Allemagne commence, elle aussi, à être menacée par la récession. C'est ce que l'on pourrait appeler « l'effet siphon », les cancres entraînant également les bons élèves dans leur descente aux enfers.

Face à ce dilemme, « sortir de la zone euro sans trop de fracas » versus « y rester mais en récession », les Allemands sont aujourd'hui de plus en plus virulents à l'égard de leurs partenaires. Le pire est qu'au lieu d'essayer d'arrondir les angles et de moderniser leur économie, les autres pays de l'Union, et en particulier la France, s'obstinent dans leurs erreurs et demandent à l'Allemagne de se taire. C'est un peu comme si la cigale faisait des remontrances à la fourmi.

Or, l'Histoire nous a montré que, sans un couple franco-allemand fort et soudé, la construction européenne ne peut avancer, à fortiori si les Anglais jettent régulièrement de l'huile sur le feu.

Malheureusement, c'est exactement ce spectacle désastreux qu'offre aujourd'hui l'Union européenne. Et si, comme l'a confirmé le Comité Nobel, cette dernière est bien une protection contre les conflits, elle ne constitue malheureusement pas un rempart contre la récession. Dès lors, face à l'adversité et à la crise sociale, les risques de comportements non-coopératifs augmentent dangereusement. Autrement dit, la guerre est déjà déclarée.

# H

## Hollande

Il faut le reconnaître, depuis bientôt deux ans, François Hollande a quasiment réalisé un sans-faute. D'abord *challenger* de Dominique Strauss-Kahn, il s'est rapidement retrouvé favori des primaires socialistes après la « défection » de l'ancien patron du FMI. Une fois Martine Aubry éliminée, il disposait d'un boulevard pour battre un Nicolas Sarkozy en phase de désamour avec les Français. Au moment où Nicolas Sarkozy semblait capable de renverser la vapeur et de mettre en danger François Hollande, ce dernier a su faire preuve d'un sang-froid hors norme et déjouer les pièges de son adversaire.

À la base risquée, la stratégie de « l'homme normal » s'est donc avérée payante. Fort de ce succès, le nouveau président a nommé un

Premier ministre à son image, en l'occurrence Jean-Marc Ayrault, parfois surnommé « l'antihéros ». Le changement tant promis a donc bien eu lieu, même s'il faut admettre que François Fillon pouvait également apparaître comme un homme tout à fait normal (du moins avant les déboires qui ont suivi l'élection à l'UMP).

Pour aller encore plus loin dans le changement et marquer les esprits, le nouveau couple Hollande-Ayrault a aussi choisi d'appliquer la stricte parité hommes-femmes au sein du gouvernement et a même décidé de baisser de 30 % la rémunération de l'ensemble de l'exécutif. Alors que l'on craignait que les premières mesures de la nouvelle équipe dirigeante aillent dans le sens d'une augmentation des dépenses publiques, c'est finalement le contraire qui s'est produit. On ne peut évidemment qu'applaudir cette décision et saluer le quasi-sans-faute de François Hollande, d'abord en tant que candidat, puis à la tête de la République française. Et ce, d'autant que sa première rencontre avec Angela Merkel, annoncée comme un échec, a finalement permis de montrer au monde que le couple franco-allemand était encore bien vivant. Quant à Barack Obama, dans la mesure où le président américain est plutôt proche de la social-démocratie, les relations semblent au beau fixe. Bref, « tout roule » pour le président français qui est même devenu un « chef de guerre » adulé au Mali...

Mais attention, après les satisfecit et les sourires de circonstance, la situation reste tendue et des lendemains difficiles pourraient bien survenir.

D'ores et déjà, il faut souligner que l'apparente réussite de François Hollande n'est pas si évidente. Tout d'abord, si nous avons évité Martine Aubry à Matignon et Michel Sapin à Bercy, la composition du gouvernement a réservé quelques mauvaises surprises sur le front économique. Même s'ils doivent encore faire leurs preuves en la matière, Moscovici à l'Économie et Cahuzac au Budget apparaissent comme des ministres raisonnables. Une question demeure néanmoins : comment vont-ils pouvoir concilier réduction des déficits et augmentation des dépenses, alors que la croissance ne cesse de baisser ? Une équation difficile à résoudre. Et comme l'augmentation des impôts est souvent présentée comme la solution, il faut dès à présent se préparer au pire. Quant à la nomination d'Arnaud Montebourg au ministère du Redressement productif, elle est surprenante : un altermondialiste à la tête de l'équivalent du ministère de l'Industrie a de quoi inquiéter, comme l'ont d'ailleurs déjà confirmé ses multiples dérapages. La France compte-t-elle sortir de la crise en renforçant ses barrières douanières ? Si la tentation protectionniste est très forte, il faut être conscient des conséquences qu'elle entraînera automatiquement. Pour commencer, elle suscitera des mesures de rétorsions à l'égard des produits français. Les exportations nationales ayant déjà du mal à croître, la situation ne fera qu'empirer avec de nouvelles entraves au libre-échange.

Si la France veut retrouver son rang en Europe et dans le monde, elle doit avant tout restaurer sa crédibilité. Crédibilité à produire de la croissance, à créer des emplois et à réduire ses déficits publics. Et pour l'instant, elle en est encore loin. À l'évidence, pour sortir de l'ornière, il ne suffira pas d'être « normal ».

# I

## Immobilier

La crise de la dette publique a deux conséquences principales sur les cours de l'immobilier. La première est positive. En effet, face aux contraintes suscitées par les différentes crises de 2008-2012, l'immobilier a été perçu comme une valeur refuge. Dès lors, les cours immobiliers ont continué de se tendre en dépit de la récession et de la baisse des revenus. Dans l'Hexagone, la faiblesse des taux d'intérêt obligataires a même permis d'alimenter la spirale haussière, qui est clairement devenue une bulle.

En revanche, la crise de la dette publique engendre un deuxième effet bien moins favorable, voire dévastateur, la flambée des taux d'intérêt. C'est notamment ce qui s'est déjà produit en Grèce, en Espagne, au Portugal et en Italie. Le processus est tristement simple : la bulle de la dette entraîne logiquement une forte augmentation des taux d'intérêt, qui, à son tour, suscite une récession et un chômage élevé. Ces évolutions minent les revenus des ménages et réduisent leur marge de manœuvre pour accéder aux crédits immobiliers. Ces derniers finissent par reculer, suscitant une baisse des prix immobiliers. Si ce scénario catastrophe ne s'est pas encore produit dans l'Hexagone, cela ne devrait plus tarder. La « valeur refuge » que pouvait constituer l'immobilier deviendra alors une « valeur déluge »...

Que ce soit dans les conférences, dans la presse, dans les chats Internet, la même question revient d'ailleurs très régulièrement : quand les cours de l'immobilier vont-ils reculer dans l'Hexagone ? Après une baisse sensible en 2008-2009, les prix des logements anciens ont enregistré douze trimestres consécutifs de hausse, battant constamment de nouveaux records historiques. Seulement voilà, depuis la mi-2012, la tendance s'est inversée.

Tout a commencé par la baisse des transactions. En effet, les prix continuaient d'augmenter, mais sur un nombre de transactions de plus en plus faible. Surtout, la hausse des prix tranchait avec la faiblesse de la croissance, l'atonie du pouvoir d'achat des ménages et l'augmentation du chômage. Ainsi, l'indice rapportant les prix des logements anciens au revenu disponible des ménages ne cessait d'atteindre des niveaux stratosphériques.

Alors que son niveau moyen se situe autour de 1 depuis 1965, ce rapport est monté jusqu'à 1,95 à l'échelle nationale et 2,7 à Paris à la mi-2012. Lors du paroxysme de la bulle de 1991, ce ratio était de 1,1 en France et de 1,5 à Paris. C'est dire l'ampleur de la bulle.

Cet écart devient dangereux et échappe complètement à la rationalité économique. Face à un tel excès, il faut d'ailleurs remplacer la science économique par la science naturelle qui nous dit tout simplement que les arbres ne montent pas au ciel. Et même si l'arbre de l'immobilier français ressemble clairement à un séquoia, il faudra bien, tôt ou tard, redescendre sur terre. Les exemples américains et anglais nous montrent d'ailleurs que la chute peut s'avérer très abrupte.

Face à ce constat, de plus en plus de professionnels de l'immobilier commencent à s'inquiéter, voire à dénoncer une bulle qui ne va pas tarder à se dégonfler. Si cette perspective fait peur à certains, il est toutefois utile de rappeler que la baisse des prix sera salutaire, ne serait-ce que pour redonner de la solvabilité à une demande de plus en plus faible. Les agents immobiliers ont d'ailleurs tout intérêt à ce que les prix reculent modérément, de manière à augmenter le nombre de transactions plutôt que de voir les prix continuer de monter avec de moins en moins d'opérations.

En attendant, certains continuent néanmoins de croire que le prix de l'immobilier va continuer à augmenter. Et ce, pour une raison simple : en temps de crise, l'immobilier reste une valeur refuge. Si cet argument peut être valable lorsque les prix sont relativement peu élevés et que les taux d'intérêt sont bas, il devient caduc en période de bulle et de remontée des taux d'intérêt, comme cela sera le cas en 2013. Autrement dit, si les taux d'intérêt augmentent encore, les prix immobiliers ne résisteront pas. Plus grave, si la note de la dette publique française perd deux crans, une baisse des prix conséquente pourrait s'observer en 2013-2014. D'autant que le durcissement de la fiscalité immobilière ne va pas arranger la situation.

D'ores et déjà, après avoir hésité à franchir le pas, certains vendeurs se dépêchent de se séparer de leurs biens. Une fois que le mouvement sera vraiment enclenché, il sera difficile de l'arrêter. Dans ce cadre, je table sur une baisse de prix de l'ordre de 10 à 15 % en 2013. Autrement dit, il ne s'agira pas d'un krach massif, mais d'un dégonflement progressif de la bulle immobilière actuelle.

## INFLATION

Depuis près de quarante ans, la plupart des manuels d'économie vendus à travers l'Europe, ainsi que la grande majorité des écrits et déclarations des dirigeants, professeurs et autres élites européens sont formels : l'inflation est le principal danger qui menace l'économie, il convient donc de la combattre à tout prix. Le rabâchage ou encore le lavage de cerveau a si bien fonctionné que rares sont ceux qui osent, encore aujourd'hui, soutenir qu'il y a plus grave que l'inflation, en l'occurrence la déflation. Malheureusement, cette erreur de diagnostic n'est pas cantonnée au stade de l'Université ou des cercles bien-pensants. Elle a aussi engendré des conséquences concrètes sur les évolutions économiques et sociales de l'Europe et plus particulièrement de la zone euro. En effet, à force d'avoir voulu lutter contre une inflation imaginaire, les dirigeants eurolandais ont fini par casser la croissance structurelle de la zone euro, déjà affectée par la faible efficacité de la puissance publique et par la montée de la pression fiscale.

Le mécanisme de cette erreur destructrice est malheureusement simple : la seule inflation sur laquelle une banque centrale peut agir est relative à l'inflation par la demande. Cette dernière s'observe généralement en phase de surchauffe, c'est-à-dire dans une situation où la croissance est très forte, où le chômage baisse fortement et où les salaires augmentent mécaniquement. Dès lors, les entreprises peuvent aisément augmenter leurs prix, risquant ainsi de réduire le pouvoir d'achat si cette inflation va trop loin. Dans ce cadre, il devient logique de relever les taux d'intérêt directeurs de la banque centrale, de manière à réduire l'accès au crédit, donc de calmer la demande qui finira par s'égaliser à l'offre, limitant de la sorte les pressions inflationnistes.

À l'inverse, s'il n'existe pas d'inflation par la demande, et à fortiori si cette dernière est faible, augmenter excessivement les taux d'intérêt pour lutter contre un pseudo-risque inflationniste revient à réduire le peu de demande qui reste, donc à casser la croissance et à réduire l'emploi. D'où un repli des revenus et du pouvoir d'achat. C'est exactement ce qu'a fait la Banque centrale européenne depuis sa création, notamment depuis 2007, à l'exception des quelques mois qui ont suivi la faillite de Lehman Brothers. Très vite, ses vieux démons sont revenus. Ainsi, certains pays, surtout les plus fragiles, se sont enlisés dans la récession. La crise grecque et plus globalement celle de la zone euro se sont alors imposées.

Catastrophique d'un point de vue macroéconomique, cette surpondération du risque inflationniste a eu aussi des conséquences dramatiques au niveau microéconomique. En effet, lorsque l'inflation est trop faible, particulièrement à cause d'une demande trop timorée, les entreprises ne peuvent pas répercuter l'augmentation des coûts de production sur les prix de vente, au risque de perdre des parts de marché. Cette difficulté augmente lorsque l'euro est trop fort, car les prix des produits importés se réduisent, générant par là même une concurrence déloyale pour les entreprises de la zone euro. Et ce, d'autant plus si la fiscalité qui pèse sur les entreprises demeure forte, comme cela s'observe dans la plupart des pays eurolandais (à l'exception notable de l'Allemagne et de l'Irlande). Cernées, pour ne pas dire attaquées de toutes parts, ces dernières sont alors contraintes de réduire leurs coûts, notamment salariaux. L'emploi s'en trouve affecté et les revenus avec, d'où un nouvel amoindrissement de la demande, puis une augmentation des pressions déflationnistes… et le cercle pernicieux perdure. Il peut d'ailleurs durer longtemps, comme le montre l'exemple du Japon.

Autrement dit, contrairement à ce qu'ont enseigné une pléthore de professeurs d'économie (y compris votre serviteur au début de sa carrière) et au risque de faire bondir nos lecteurs allemands et/ou monétaristes, la faible inflation pour laquelle nous luttons depuis tant d'années est devenue une entrave à la sortie de crise. Bien entendu, il ne s'agit pas de relancer un mouvement de forte inflation, comme dans les années 1970-1980. À ce sujet, il faut d'ailleurs rappeler qu'il n'est plus possible désormais de « faire de l'inflation » à sa guise. Cette stratégie était concevable uniquement dans des économies peu ouvertes, avec une faible concurrence et une forte indexation des salaires aux prix. Depuis une vingtaine d'années, grâce à l'ouverture des frontières, à l'augmentation du degré concurrentiel et à la forte réduction des prix administrés, l'inflation ne se décrète plus.

En revanche, elle peut être favorisée, par exemple, par une politique monétaire très accommodante, un taux de change déprécié ou encore par une politique budgétaire offensive mais surtout efficace. C'est notamment ce qu'ont pratiqué les États-Unis, la Chine, le Royaume-Uni et de nombreux pays à travers la planète qui ont préféré mettre de côté leurs craintes inflationnistes dogmatiques et favoriser la croissance et l'emploi. Et lorsque l'on voit qu'en dépit des milliards de dollars de relance budgétaire et monétaire, l'inflation américaine reste sur des planchers, cela montre bien que, sans ces injections, l'économie de l'Oncle Sam aurait plongé dans la déflation. Quant à la Chine, il est clair qu'avec plus de 8 % de croissance en volume, une inflation d'environ 2,5 % n'est pas dramatique.

Et c'est bien cela qu'il faut faire comprendre à nos élites : une inflation de 3 % n'a jamais tué personne. Au contraire, elle permet aux entreprises de mieux répercuter l'augmentation des coûts sur les prix de vente, donc de maintenir un niveau appréciable de leur marge et des salaires qu'elles distribuent. De plus, un peu d'inflation incite les ménages à ne pas différer leurs achats mais, au contraire, à dépenser au plus vite. Une dynamique de la demande s'installe alors, créant plus d'emplois, donc plus de revenus et plus de consommation. Soyons clairs : nous ne sortirons pas de la crise actuelle sans le retour d'une inflation autour des 3 %. Celle-ci permettra d'ailleurs de payer une partie des intérêts de la dette publique et de sortir la zone euro de sa crise existentielle. Nous savons donc ce que nous devons faire. Les Américains, les Chinois, les Anglais l'ont fait. Reste à savoir si les Eurolandais auront l'intelligence d'emprunter cette voie. Il en va de leur existence, car, sans le retour de la croissance et de l'inflation, la zone euro disparaîtra dans les trois années à venir.

## Italie

2 000 milliards d'euros ! Tel est le niveau astronomique que vient de dépasser la dette publique italienne, soit légèrement plus que le PIB français et quasiment 128 % du PIB italien. Malgré son charisme à toute épreuve et la bonne image qu'il véhicule, Mario Monti (appelé à la rescousse en novembre 2011 pour remplacer Silvio Berlusconi au poste de président du Conseil) n'a pas réussi à éviter le pire.

Certes, il ne faudrait pas jeter le bébé avec l'eau du bain. En effet, en dépit des apparences, l'Italie a fait énormément d'efforts depuis une quinzaine d'années, en tout cas bien plus que la France. Ainsi, de 11,3 % du PIB en 1991, son déficit public a été considérablement réduit, atteignant même 0,9 % en 2000 et 1,6 % en 2007. Aujourd'hui encore, en dépit de la crise et d'une remontée à 5,4 % en 2009, le déficit italien a été ramené à 2,7 % en 2012 et devrait même avoisiner les 2 % en 2013. Dans le même temps, le solde structurel des comptes de l'État italien (c'est-à-dire hors effets liés à la conjoncture) est passé de –12 % du PIB en 1990 à –0,6 % en 2012 et pourrait même se transformer en excédent de 0,5 % en 2013. Enfin, le solde primaire italien (c'est-à-dire hors charge d'intérêts de la dette) est en excédent quasi ininterrompu depuis 1992. En 2012, celui-ci a atteint 2,6 % du PIB et devrait avoisiner les 3,5 % en 2013. Autrement dit, l'Italie ne doit ses déficits publics et l'essentiel de ses difficultés qu'au paiement des intérêts de sa dette. De quoi rappeler que, en matière d'endettement excessif, les erreurs du passé se paient pendant très longtemps.

D'ailleurs, pour parvenir à ces résultats, l'Italie a dû réaliser des efforts considérables, notamment en augmentant ses recettes fiscales mais, surtout, en réduisant ses dépenses publiques, dont le poids dans le PIB est passé d'un sommet de 56 % en 1993 à un plancher de 45,9 % en 2000, avant de remonter à 50 % actuellement, soit toujours 6 points de moins qu'en France.

Malheureusement, ces efforts ont également pesé négativement sur l'activité économique. Ainsi, de 2002 à 2012, la croissance annuelle moyenne du PIB italien a été de 0 % (contre une moyenne de la zone euro de 1 %). Sur la période 2008-2012, elle devient négative à –1,3 % (contre –0,2 % pour l'ensemble de l'UEM). Conséquence logique de cette décroissance, le taux de chômage a repris le chemin de la hausse, passant d'un plancher de 6 % en 2007 à désormais plus de 11 %.

Le pire est que malgré tous ces sacrifices, l'Italie est toujours reléguée au rang des pays dangereux. La note de sa dette publique n'est que de Baa2 (selon la classification de Moody's) et les taux de ses obligations d'État à dix ans oscillent encore autour des 4 %. C'est certes moins que les 7 % du début 2012, mais toujours beaucoup trop pour permettre à l'Italie d'inverser la spirale haussière de la dette. D'autant que son PIB continue de reculer.

Voilà pourquoi l'Italie reste fragile. Car, après autant d'années d'efforts pour des résultats encore mi-figue mi-raisin, la tentation reste forte de claquer la porte de la rigueur.

# J

## Japon

C'est le pays qui affiche le record mondial du taux de dette publique par rapport au PIB : 240 % ! Après déjà vingt ans de déflation, c'est donc, une fois encore, le Japon qui fait l'objet de toutes les inquiétudes. D'autant qu'au-delà du drame humain engendré par le séisme et le tsunami de 2011, la catastrophe nucléaire qui a suivi n'a fait qu'aggraver un déclin datant du début des années 1990. Avant cette triste période, le Japon faisait figure de modèle économique. Tout semblait lui réussir. Avec une croissance structurelle d'environ 6 % par an, un taux de chômage tout aussi structurel d'environ 2 %, il s'était solidement installé depuis les années 1960 à la deuxième place de l'économie mondiale. À tel point que le Japon paraissait en mesure de talonner les États-Unis et d'imposer le yen comme un concurrent sérieux à l'hégémonie du dollar au sein du système monétaire international. Sûr de lui, le gouvernement nippon consentait même à satisfaire les souhaits des pays occidentaux, en décidant d'apprécier fortement le yen. Cette décision fut en fait l'erreur de trop et constitua le point de départ d'une descente aux enfers que les plus grands *Bears* (les Ours, c'est-à-dire les pessimistes sur les marchés financiers) de l'époque n'auraient pu imaginer. Ainsi, qu'elles soient immobilières, boursières ou bancaires, toutes les bulles qui s'étaient formées dans l'Archipel éclatèrent les unes après les autres.

Pourtant, juchées sur leur piédestal, les autorités japonaises ne se rendirent pas compte de la gravité de la situation, laissant notamment le yen s'apprécier et la déflation s'installer. Ce n'est vraiment qu'après le tremblement de terre de Kobé en janvier 1995 que le gouvernement décida d'employer les grands moyens, mais il était déjà trop tard. Certes, l'effort de reconstruction permit de relancer quelque peu la croissance, pourtant il ne s'agissait là que d'un répit. Le mal était beaucoup plus profond. D'autant que la population vieillissait et commençait même à décroître.

Les chiffres illustrant cette déchéance sont éloquents : de 6 % en 1990, la croissance structurelle est passée à 1,5 % en 2000 et à 1 % aujourd'hui. Et si le maintien de l'emploi à vie dans certaines grandes entreprises a permis de limiter la hausse du taux de chômage, ce dernier est tout de même passé de 2,1 % en 1990 à 5 % actuellement. La dégradation la plus impressionnante réside dans l'évolution des comptes publics. D'un excédent de 1,9 % du PIB en 1990, ces derniers sont passés à un déficit annuel compris entre 7 % et 10 % du PIB depuis la fin des années 1990. Conséquence logique de cette fuite en avant, la dette publique est passée de 68 % en 1990 à 142 % en 2000 et à au moins 240 % en 2013.

Et même si les Japonais sont stupéfiants de dignité et de self-control (on l'a notamment vu lors de la tragédie humanitaire de

2011), ils n'ont quasiment plus de marge de manœuvre pour relancer la machine. Certes, dans la mesure où 97 % de la dette publique de l'Archipel est détenue par des Japonais, ils n'ont pas besoin de faire appel aux fonds internationaux. De même, forte de 1 200 milliards de dollars de réserves de changes, la Bank of Japan peut injecter des liquidités. Néanmoins, ces fonds ne sont pas inépuisables et risquent de s'évaporer très vite. De plus, le yen demeure trop fort, pérennisant une croissance structurellement molle. C'est d'ailleurs l'un des plus grands paradoxes qui affecte le Japon depuis une vingtaine d'années : en dépit d'une économie atone et plongée dans la déflation, le Japon continue de pâtir d'un yen surévalué. Jusqu'à récemment, les tentatives pour essayer d'inverser cette tendance douloureuse ont toutes été vaines. L'une des raisons principales de cette anomalie réside dans l'importance des avoirs nippons à l'étranger. En effet, dans la mesure où ces derniers sont régulièrement rapatriés vers l'Archipel, le yen s'apprécie mécaniquement.

La catastrophe humanitaire et nucléaire qui a touché le Japon en 2011 a porté ce paradoxe à son paroxysme. Ainsi, malgré les risques de nouvel écroulement durable de l'économie nipponne, le yen s'est fortement apprécié sous l'effet de la vigueur des rapatriements de capitaux investis à l'international. Du coup, le pays reste enlisé dans la déflation et paraît condamné à voir sa dette publique battre de nouveaux records. Le pire pour lui est que ce drame n'a même plus de véritable impact sur l'économie mondiale. Le Japon ne représente plus que 5,5 % du PIB mondial (en parités de pouvoir d'achat), contre 10 % en 1990. De même, si dans les années 1980, l'Archipel contribuait à hauteur de 0,6 point à la croissance annuelle du PIB mondial, cette contribution n'est plus que de 0,1 point depuis la fin des années 1990, elle est même passée à 0,07 point depuis 2005.

En fait, si le Japon résiste, c'est essentiellement grâce à une épargne pléthorique, un effort de recherche-développement conséquent (3,5 % du PIB en moyenne depuis vingt ans) et une balance courante qui reste excédentaire. Ces trois « airbags » ont permis de limiter les impacts négatifs du vieillissement de la population, de la déflation et d'une dette publique stratosphérique. Témoin de ce marasme récurrent, la Bourse nipponne n'a cessé de s'effondrer depuis vingt ans.

Eu égard à une dette publique de 240 % du PIB et à des taux d'intérêt monétaires déjà nuls depuis quinze ans, le Japon ne dispose plus que d'une seule arme pour tenter de redémarrer : la baisse du yen. C'est d'ailleurs ce que vient de comprendre et de mettre en place le nouveau gouvernement nippon. Pour aller encore plus loin, il a néanmoins besoin d'une action coordonnée à l'échelle de la planète. Après avoir apprécié fortement le yen à la fin des années 1980 pour répondre aux besoins des Occidentaux, ce sont désormais ces derniers qui doivent renvoyer l'ascenseur pour sauver l'empire du Soleil Levant, en favorisant une dépréciation durable de la devise nippone. Pour retrouver le chemin de la croissance et sortir de la spirale de la déflation, il est nécessaire de revenir à une valorisation normale du yen au regard de la parité des pouvoirs d'achat, en l'occurrence 120 yens pour un dollar.

Les Américains et les Européens y ont d'ailleurs largement intérêt, car, même si le poids du Japon dans l'économie mondiale s'est considérablement réduit depuis vingt ans, l'Archipel reste un partenaire commercial et financier déterminant. Espérons donc qu'après la compassion de 2011, les Occidentaux sauront joindre le geste à la parole. Sinon, comme l'orientation très droitière du nouveau gouvernement japonais vient de le confirmer, le pays risque de s'engager dans une voie dangereuse et non-coopérative. De quoi rappeler qu'une crise de la dette mal soignée peut engendrer des effets secondaires catastrophiques.

# K

## Keynes

Jusqu'aux années 1930 et à la montée en puissance de la théorie keynésienne, la notion même de relance budgétaire n'existait pas. Elle a justement été créée pour l'occasion, c'est-à-dire pour faire face à l'excès d'offre et à la déflation qui sévissaient alors outre-Atlantique. La démarche de Keynes était finalement simple : lorsque le marché ne parvient pas à l'équilibre et que la demande est insuffisante, il suffit de relancer cette dernière via l'investissement public. Un mouvement multiplicateur s'opère alors, les investissements publics suscitant une multiplicité d'investissements privés permettant de relancer la croissance, donc l'emploi, les revenus et la consommation. Par l'accroissement de l'activité, l'assiette fiscale s'élargit mécaniquement et les recettes liées aux impôts progressent (sans augmenter le taux d'imposition global), permettant *in fine* de financer la relance budgétaire initiale. La croissance étant de retour et la carence de demande ayant été comblée, l'État peut alors réduire la voilure et retrouver un excédent public, ce qui lui permettra de rembourser par anticipation une partie de sa dette et de disposer d'une marge de manœuvre qui pourra être utilisée lors de la prochaine crise. C'est, par exemple, ce qu'a réussi à faire l'Administration Clinton à la fin des années 1990 et au début des années 2000.

Ce point précis du keynésianisme, les gouvernements européens, notamment dans l'Hexagone, l'ont oublié depuis des décennies. Dès lors, si le déficit devient permanent, la dette ne peut que s'accroître, voire devenir explosive. La bulle de la dette n'est donc absolument pas d'essence keynésienne. Elle a simplement été produite par le manque de courage des dirigeants politiques qui, par facilité, par clientélisme ou par dogmatisme, ont préféré s'engager dans une fuite en avant que nous payons cher aujourd'hui.

## Krach

À toute bulle son krach ! Autrement dit, à l'instar de la bulle Internet, de celle des *subprimes* et de celles de l'immobilier à travers le monde, la bulle de la dette finira forcément par un krach. Celui-ci prendra deux formes. La première consiste en un effondrement des cours obligataires, via l'augmentation des taux d'intérêt sur les obligations d'État. En effet, lorsqu'un État est dégradé et/ou subit une forte perte de confiance internationale, les investisseurs n'acceptent de financer sa dette qu'en échange d'une prime de risque très élevée. C'est par ce biais que les taux d'intérêt se tendent. Du fait de cette tension, les détenteurs des anciennes obligations d'État les vendent massivement, ce qui réduit leurs cours sur les marchés. Si cette baisse dépasse les 20 %, on parle alors de krach. À titre d'exemple, si les taux des obligations de l'État français passent de 2 % actuellement à 4,5 % fin 2013, la France subira un krach obligataire massif.

Mais ce n'est pas tout. Car la deuxième manifestation d'un krach obligataire est une chute brutale de l'activité, de l'emploi mais aussi des marchés boursiers. Affectés par l'augmentation des taux d'intérêt, l'investissement et la consommation s'écroulent, tandis que les fonds d'investissement fuient tous les types de placement du pays en question, y compris les actions. Autrement dit, un krach obligataire est encore plus grave qu'un krach boursier.

# L

## « La crise est finie »

Depuis environ quatre ans, on nous joue la même ritournelle : la crise est dernière nous. Au printemps 2008, par exemple, un hebdomadaire économique français consacra sa couverture à cette « heureuse » conjecture. Cette anticipation était d'ailleurs réalisée par un économiste français bien connu pour ses erreurs de prévisions récurrentes… Mais peu importe, il fallait vendre du papier pour les uns, se faire remarquer pour l'autre et, bien entendu, ce fut exactement le contraire qui se produisit. Un peu plus d'un an après, ces mêmes virtuoses de la prévision annonçaient que le monde allait s'écrouler et qu'il allait traverser une tempête encore plus grave que celle de 1929. Manque de pot, ce fut encore l'inverse qui se réalisa, puisqu'en 2010, la croissance redémarra et atteignit même 5,1 % à l'échelle de la planète !

Je n'aurais pas rappelé ces cuisantes farces si, il y a quelques mois, le même journal, s'appuyant sur le même économiste, n'avait pas réalisé une couverture tout aussi catégorique, en soutenant que la zone euro était sauvée et que tout allait pour le mieux dans le meilleur des mondes. Autrement dit : tous aux abris !

Mais ne blâmons pas trop ces « pauvres diables », car, ne l'oublions pas, l'une des principales caractéristiques des économistes, c'est précisément de se tromper. Quant au rédacteur en chef de ce magazine, il ne fait finalement que se référer aux prévisions de son économiste préféré. Comme disait Pascal : « *Le cœur a ses raisons que la raison ne connaît pas.* »

Ce qui me paraît plus gênant, c'est lorsque les dirigeants politiques se livrent aux mêmes excès. Que ce soit en 2008, en 2010 ou en 2011, Mme Christine Lagarde, alors ministre de l'Économie, et au demeurant compétente et sympathique, a régulièrement annoncé, elle aussi, que le plus dur était derrière nous, que la crise était presque terminée, que l'économie française allait rapidement redémarrer… Il est d'ailleurs assez instructif de noter que, depuis sa nomination à la tête du FMI, son discours a radicalement changé et qu'elle n'a eu de cesse de relever les erreurs de gouvernance économique de la France et de la zone euro. Va comprendre Charles…

Entre-temps, la campagne présidentielle française a déroulé son lot de mensonges, les deux principaux candidats au « poste suprême » se bornant à dire que la crise était en voie de résorption. Dans ce cadre, alors que la France s'apprêtait à entrer dans un quinquennat déterminant en matière économique, les véritables enjeux économiques ont quasiment été ignorés pendant toute la campagne.

Face à une telle intoxication, de nombreux économistes et journalistes se contentaient de relayer la pensée unique selon laquelle la crise eurolandaise était terminée. M'invitant pour parler de mon précédent livre, *Quand la zone euro explosera...*, l'un d'eux me lança même : « *Ben alors, Marc, votre livre tombe vraiment mal, ça y est la crise de la zone euro est finie.* » Nous étions en mars et force a été de constater qu'il n'en a rien été.

Seulement voilà, les mauvaises blagues ont la vie longue. Alors que la récession fait rage dans la zone euro, que de nombreux pays membres font face à une crise sociale sans précédent, le président français n'hésite plus à crier sur tous les toits que la crise de la zone euro est terminée. Nous savions que François Hollande avait de l'humour mais, à ce point, il faut reconnaître qu'il fait très fort.

À l'échelle de la zone euro, il faut bien comprendre que tant que ses États membres n'auront pas décidé d'harmoniser leurs conditions fiscales et réglementaires, ainsi que leurs marchés du travail, tout en créant un véritable budget fédéral, l'UEM restera bancale, donc fragile.

Nous comprenons tout à fait le devoir d'optimisme du chef de l'État et des dirigeants politiques. Mais bien plus que de la méthode Coué et des efforts marketing, les Français ont besoin de réalisme et de pragmatisme, donc de croissance et d'emplois. Alors, s'il vous plaît monsieur Hollande, dépêchez-vous d'enlever votre costume d'homme normal et de revêtir celui d'homme providentiel. Vous pouvez encore sauver la France, mais il ne vous reste plus que quelques mois.

## Lehman Brothers

Il n'est pas nécessaire de revenir sur les tenants et aboutissants de la faillite de Lehman Brothers. Je les ai déjà expliqués longuement dans *Krach, boom… et demain ?* (Dunod, 2009) et dans *Quand la zone euro explosera…* (Éditions du Moment, 2012). Soulignons simplement que la crise et la faillite de Lehman n'étaient que la préfiguration de toutes les crises de la dette publique qui ont suivi. Notamment parce que les ingrédients étaient les mêmes : ambitions démesurées, gaspillage des deniers collectifs, vanité, irresponsabilité, dogmatisme, manque de croissance et, bien sûr, de trop nombreuses erreurs humaines.

Et tout ça, parce qu'un beau matin de septembre 2008, le secrétaire d'État au Trésor américain Henry Paulson, patron de Goldman Sachs de 1998 à 2006, a décidé de se venger de son ancien concurrent Lehman. À l'évidence, l'effet papillon appliqué au monde de l'économie et de la finance est dévastateur.

# M

## Marchés

Face aux différentes crises de la dette qui ont secoué (et continueront de secouer) la planète économique, il pourrait être tentant de dénoncer une fois encore la dictature des marchés, les insupportables agissements des « méchants spéculateurs » et *tutti quanti*.

Oui, les marchés financiers sont mus par ce que l'on appelle les *animal spirits*, c'est-à-dire des « instincts animaux » qui font que le mimétisme l'emporte souvent sur la rationalité. À ce titre, les marchés ont leur part de responsabilité. Pour autant, il faut rappeler que ce ne sont ni les marchés ni les spéculateurs qui ont demandé à l'État grec ou à l'État français d'augmenter démesurément leurs dépenses, déficits et dettes. Non, si la Grèce et la France en sont arrivées là, c'est parce que leurs dirigeants politiques l'ont décidé.

Bien sûr, l'État français est venu au secours des banques lors de la crise de l'automne 2008. Mais n'oublions pas que cela a été particulièrement lucratif. Alors qu'il s'endettait à un taux d'intérêt de 3 % sur les marchés, l'État français a prêté aux banques hexagonales à un taux de 8 % ! Cet écart a permis de ramener plus de 12 milliards d'euros dans les caisses publiques, qui en avaient bien besoin. Si la dette publique française a tant augmenté, ce n'est pas à cause du sauvetage des banques, mais surtout de la mauvaise allocation des dépenses publiques, l'augmentation de ces dernières ayant été incapable de restaurer une croissance suffisamment forte, ne serait-ce que pour rembourser le paiement des intérêts de la dette publique.

De plus, dans la mesure où plus des deux tiers de la dette publique sont détenus par des investisseurs étrangers, il est logique que ces derniers demandent des comptes à leur débiteur, l'État français. Dans ce cadre, si, dans les prochains mois, les promesses de réduction des déficits publics et de restauration d'une croissance soutenue ne sont pas tenues, il est inévitable que les taux d'intérêt des obligations du Trésor français se tendront significativement, au moins vers les 4 %. La récession refera donc surface et les craintes sur la faculté de la France à sortir de l'ornière s'intensifieront.

Pour éviter le pire, il faudra donc que l'Allemagne accepte de réformer la politique économique de la zone euro en faveur d'une croissance plus forte. Ce qu'elle ne décidera que si la France s'engage dans une baisse crédible des dépenses publiques. Il s'agit maintenant de savoir si le gouvernement français aura le courage de le faire. Sinon, le clash sera inévitable et ce, dès 2013.

Dans ce cadre, les investisseurs (re) commenceront à se couvrir contre le risque « France », et il sera ensuite particulièrement difficile d'inverser la tendance.

Ce ne sont donc pas les marchés qui vont attaquer la France, mais les Français qui risquent de fabriquer le bâton avec lequel on leur tapera sur la tête. Une chose est sûre : l'année 2013 sera chaude dans l'Hexagone…

## MARKETING

À chaque publication des comptes nationaux en provenance de l'INSEE, l'étonnement est de mise. Prenons par exemple ceux du troisième trimestre 2012 qui, alors que tous les indicateurs avancés laissaient imaginer une baisse du PIB français, ont finalement consacré une croissance trimestrielle de 0,2 %. Miracle ? Erreur de calcul ? Manipulation ? Ou les trois à la fois ? Il y a vraiment de quoi se poser des questions. D'ailleurs, lors de la deuxième estimation de ces mêmes comptes nationaux, le chiffre de la croissance a été revu à 0,1 %. Certes, le ministre de l'économie, Pierre Moscovici, nous avait déjà prévenus dix jours plus tôt que le PIB augmenterait légèrement au troisième trimestre. On se moquait des dirigeants chinois qui connaissaient les chiffres de la croissance avant même que le trimestre ne soit terminé, leurs homologues français sont en train de les rattraper…

Ces interrogations sur les chiffres de la croissance ne sont pas nouvelles. Cela rappelle par exemple étrangement la première version des comptes nationaux français du quatrième trimestre 2011, qui avait été publiée le jour de l'annonce de la candidature de Nicolas Sarkozy à la présidentielle. À l'époque, l'INSEE avait aussi affiché une étonnante croissance de 0,2 %, qui a finalement été révisée quelques mois plus tard à 0 %. Comme quoi, François Hollande a beau vouloir nous faire croire qu'il veut rompre avec les pratiques de son prédécesseur, le changement ne saute pas aux yeux. D'ailleurs, il faut noter que les chiffres du deuxième trimestre 2012 ont aussi été revus à la baisse. On nous annonçait 0 %, c'est finalement –0,1 %…

Mon humble métier m'incite donc à écrire que la croissance affichée du troisième trimestre ne reflète pas la réalité économique française. Après avoir déjà reculé de 0,1 % au deuxième trimestre, l'emploi marchand a plongé de 0,3 % au troisième. Conséquence logique de ces destructions d'emplois, le chômage monte. Il était de 10,6 % en décembre 2012 selon les statistiques d'Eurostat.

Il y a là un vrai paradoxe. En temps normal, l'emploi et le chômage sont des variables retardées de l'activité. Cela signifie que l'emploi doit baisser après que le PIB a reculé. Or, depuis la fin 2011, c'est exactement l'inverse qui se produit. En d'autres termes, si son PIB reste en croissance artificielle, la France connaît déjà un emploi et un chômage de récession. On pourrait appeler cela une « récession Canada Dry », c'est-à-dire qu'elle s'y apparente à tous points de vue, mais qu'elle n'en porte pas le nom.

Et, malheureusement, la tendance n'est pas près de s'inverser. Le détail des comptes nationaux du troisième trimestre nous montre d'ailleurs que l'investissement des entreprises a repris le chemin de la baisse (-0,6 %), annonçant par là même un nouveau recul de l'emploi et de la consommation pour les trimestres à venir. L'augmentation de 0,2 % de la consommation des ménages au troisième trimestre ne doit d'ailleurs pas nous tromper. Elle ne constitue qu'une correction de la baisse de 0,2 % du trimestre précédent et sera, à son tour, corrigée par un repli au quatrième trimestre. En outre, les indicateurs avancés que constituent les enquêtes de conjoncture de l'INSEE, mais aussi celles de la Banque de France, de la Commission européenne et celles des directeurs d'achat sont formels : au printemps 2013, le glissement annuel du PIB français devrait se situer entre –1,5 % et –2 %.

Autrement dit, la petite croissance de 0,1 % du troisième trimestre est l'arbre qui cache la forêt d'une nouvelle récession française. Seulement voilà, les entreprises et les citoyens français ne sont pas dupes, ils vivent chaque jour la réalité de la faiblesse de l'activité et de la hausse du chômage.

Dans ce cadre, en 2013, le déficit public atteindra au moins 4 % du PIB, la dette publique franchira la barre symbolique des 100 % du PIB et le taux de chômage (mesuré sérieusement par Eurostat) dépassera les 12 %. Mais, chut ! Le président a dit que tout irait bien…

## Matières premières

Depuis la fin des années 1990, les cours des matières premières ont fortement progressé, tout en subissant une volatilité extrême. Cette double tendance a été lourde de conséquences pour la stabilité économique, politique et financière de la planète. Elle a même participé à l'aggravation des crises de la dette. Car si l'activité peut supporter une augmentation modérée des prix des matières premières et notamment du pétrole, de trop fortes hausses peuvent sonner le glas de la croissance, aggravant les déficits et les dettes des États. Or, à cause de l'instabilité géopolitique récurrente dans les pays producteurs de matières premières, mais aussi d'une demande forte en provenance des pays émergents, les cours de celles-ci seraient appelés à déraper durablement. C'est du moins ce qu'annoncent très régulièrement les « experts » en pétrole et *commodities* en tous genres. Les mêmes prédisaient d'ailleurs en juillet 2008, lorsque le baril flirtait avec les 150 dollars, que ce dernier atteindrait de façon imminente les 250 dollars. Six mois plus tard, il ne valait plus que 40 dollars. En d'autres termes, de la même façon qu'il ne fallait pas croire les agences de notation lorsqu'elles notaient AAA les dettes *subprimes* titrisées, il ne faut pas accorder trop de crédit aux anticipations de certains experts qui ne font souvent qu'extrapoler le passé récent.

Il ne faut pas non plus se voiler la face : l'augmentation des cours des matières premières est inévitable et même logique. À l'inverse de la situation extrêmement spéculative du printemps-été 2008 qui consacrait une flambée du pétrole et autres *commodities* en dépit d'une récession mondiale, la récente inflation des matières premières est justifiée par une croissance mondiale d'environ 3,5 % en moyenne de 2010 à 2012. Or, avec un tel rythme, l'indice CRB (qui synthétise les cours de l'ensemble des matières premières pondéré par le poids de ces dernières dans la consommation mondiale) croît normalement de 8 % en moyenne sur une année.

Parallèlement, la population mondiale augmentera tendanciellement d'environ 1 % par an au cours des deux prochaines décennies. Elle devrait ainsi atteindre 9 milliards d'habitants d'ici 2030. Dans le même temps, un nombre croissant de personnes voient leur niveau de vie progresser à travers le monde. On estime par exemple que le nombre de Chinois vivant correctement (c'est-à-dire selon des standards occidentaux) dépasse actuellement les 450 millions, contre 100 millions en 2000. Ils seront au moins 600 millions en 2020. Ainsi, les habitudes de consommation changent et réclament de plus en plus de matières premières alimentaires et énergétiques : plus de viande, plus de blé, plus de pétrole…

Autrement dit, il ne faut pas être grand clerc pour comprendre que, sauf en cas de guerre nucléaire ou de pandémie planétaire, la demande mondiale de *commodities* va continuer de croître significativement dans les prochaines années. Dès lors, dans la mesure où ces matières premières sont physiquement limitées, il est inévitable que leurs prix continueront de progresser. La question porte donc simplement sur l'ampleur de cette progression. Car, face à cette réalité objective, la spéculation s'est évidemment engouffrée dans la brèche. N'oublions pas que la spéculation « ne tombe pas du ciel », elle a toujours un mobile objectif. Le problème réside dans le fait qu'une fois ce mobile trouvé et reconnu par tous, elle devient incontrôlable.

À la rigueur, lorsque cette spéculation concerne l'or ou les pierres précieuses, l'économie mondiale peut le supporter. En revanche, lorsqu'elle touche au pétrole, au cuivre et, surtout, aux biens alimentaires, ses conséquences économiques et sociales peuvent devenir dramatiques. Ainsi, lorsque le cours du baril augmente de 10 % sur une année, cela enlève 0,4 point à la croissance mondiale. Autrement dit, si le baril explose à plus de 150 dollars en moyenne sur 2013, l'économie planétaire replongera. De même, si les cours des biens alimentaires continuent de grimper, la malnutrition, voire la famine, s'imposeront dans davantage de parties du monde émergent, générant des émeutes sociales qu'il sera très difficile de contrôler et qui pourront, à leur tour, aggraver la récession mondiale.

En conséquence, il est urgent de limiter la montée des cours des matières premières. Pour ce faire, il serait illusoire d'imposer une taxe sur les transactions financières. Comme nous le verrons lors du décryptage de la taxe Tobin, cela serait contre-productif. Selon moi, la limitation de l'inflation des matières premières doit passer par deux axes principaux. Le premier consiste à agir directement sur les marchés, en interdisant les ventes à découvert et en limitant l'accès de ces marchés à ses seuls acteurs physiques. En d'autres termes, les fonds d'investissement traditionnels et les *hedge funds* n'ont rien à y faire et devraient plutôt revenir sur leur « habitat préféré », à savoir les marchés actions et le financement de l'économie.

Mais au-delà de cet ajustement technique, le véritable moyen de freiner la progression des cours des matières premières est ailleurs. Il réside dans la capacité à innover et à engager le monde dans une double révolution technologique : celle des NTE (nouvelles technologies de l'énergie) et celle des NTA (nouvelles technologies de l'agroalimentaire). Cette double mutation permettra tout d'abord d'optimiser les ressources naturelles et d'accompagner le développement de la planète en réduisant les risques de pénuries. Ensuite, elle assurera une période durable de croissance forte, créatrice d'emplois et de revenus. Enfin, elle se traduira par une réduction des tensions sociales et par un monde moins belliqueux.

Cette réussite à venir est liée à deux conditions. D'une part, il faudra de plus grands moyens de recherche-développement dont les applications auront des effets concrets dans la vie quotidienne. Car, comme le disait déjà le général de Gaulle : « *Des chercheurs qui cherchent, on en trouve, des chercheurs qui trouvent, on en cherche.* » D'autre part, elle doit également s'accompagner d'une forte mobilité sectorielle de la main-d'œuvre, à même d'impulser une « destruction créatrice » destinée à compenser les destructions d'emplois dans les anciens secteurs d'activité par des créations massives de postes dans les nouveaux.

À l'heure où la planète s'inquiète des tensions géopolitiques et de l'explosion des dettes publiques ici et là, il serait temps de créer enfin un monde de croissance forte, avec une moindre dépendance au pétrole et sans flambée excessive des denrées alimentaires. Il ne s'agit pas d'un rêve, mais d'une nécessité.

## Merkel

Angela Merkel a de quoi pavoiser. En un peu plus de quatre ans, elle a participé à douze plans de sauvetage de la zone euro ! Les Sarkozy, Berlusconi, Monti et Draghi peuvent aller se rhabiller. Il faut dire que la chancelière allemande est le seul dirigeant eurolandais à avoir traversé les cinq dernières années de crise dans leur totalité. En dépit de certaines apparences, M$^{me}$ Merkel a réussi à ancrer l'UEM dans une conception allemande de l'économie. Ainsi, l'Allemagne est définitivement devenue la locomotive économique, financière et politique de la zone euro. La raison de cette triple domination est simple : au cours des dix dernières années, nos voisins germaniques sont les seuls à avoir tenu leurs engagements en termes de modernisation de leurs structures économiques, d'assainissement des dépenses publiques et de réduction des déficits.

Bien loin de ce sens du sacrifice et de la responsabilité, la France n'a cessé d'augmenter le poids des dépenses publiques dans le PIB et de refuser de moderniser son économie, en particulier son marché du travail. Alors qu'il y a encore une décennie, la France pouvait imposer ses vues à l'ensemble de la zone euro, elle est aujourd'hui contrainte de courber l'échine.

Le récent revirement de François Hollande est d'ailleurs tout à fait symptomatique de cette nouvelle donne. Pendant sa campagne, puis fraîchement élu à la présidence de la République, celui-ci n'a effectivement eu de cesse de soutenir qu'il allait faire plier les Allemands et rediriger l'UEM dans une direction française. Mais très vite, toutes ces belles promesses ont été oubliées et nos dirigeants sont désormais réduits à approuver les choix allemands, tout en essayant de faire croire à M^me^ Merkel qu'ils vont vraiment réduire leurs déficits publics.

Attention, les Allemands ne se laisseront plus faire. D'ailleurs, lors de sa ratification du Mécanisme européen de stabilité (MES), la Cour de Karlsruhe n'a pas manqué de poser deux conditions. *Primo*, l'engagement allemand ne devra pas dépasser les 190 milliards d'euros sans approbation du Bundestag. *Secundo*, les deux chambres du Parlement allemand devront être consultées sur les opérations et décisions du MES. Cela promet des tensions et des lourdeurs dont se passerait bien la zone euro. Même si les investisseurs n'ont pas voulu relever ces détails déterminants, ces derniers montrent néanmoins que les Allemands auront de plus en plus de mal à accepter de nouveaux plans de sauvetage.

Lorsque, en 2013, la récession se sera intensifiée et que les déficits repartiront à la hausse, il faudra forcément trouver une nouvelle voie. Pas celle des plans de sauvetage à répétition voués d'avance à l'échec, mais celle d'une véritable refonte de la gouvernance de la zone euro, avec notamment un couple franco-allemand réconcilié avec l'efficacité économique. M^me^ Merkel a donc fait tout ce qu'elle a pu. Ce sera désormais à M. Hollande de faire sa part.

## MES

Il est généralement présenté comme le FMI européen, ou encore comme le sauveur de la zone euro. Le Mécanisme européen de stabilité (MES) est entré en vigueur le 27 septembre 2012 en remplacement du Fonds européen de stabilité financière (FESF) et du Mécanisme européen de stabilité financière. Créés deux ans plus tôt, ces derniers étaient d'ailleurs également censés résoudre la crise de la dette publique dans la zone euro. Comme quoi, les outils changent mais les promesses non-tenues restent les mêmes.

Pour faire simple, le MES est une institution financière internationale qui peut lever des fonds sur les marchés financiers pour un montant allant jusqu'à 700 milliards d'euros. De la sorte, il peut venir en aide sous conditions aux États en difficulté qui en font la demande. Le MES peut aussi utiliser ses fonds pour participer à des sauvetages de banques privées, le but final étant d'éviter un défaut de paiement, tout en essayant de limiter le niveau des taux d'intérêt des pays en difficulté. En échange de ces aides, les pays bénéficiaires s'engagent à satisfaire les exigences du traité sur la stabilité et notamment à réduire drastiquement leurs déficits publics et leur dette. La Grèce s'est ainsi dernièrement engagée à ramener son ratio dette publique/PIB à 110 % pour 2022. On peut toujours rêver. Une chose est sûre : d'ici là, le MES aura largement épuisé ses 700 milliards d'euros de dotation et aura été remplacé par plusieurs autres mécanismes tout aussi historiques et tout aussi incapables de résoudre la crise de la dette.

## Mitterrand

C'est le père fondateur de la spirale de la dette publique française. En effet, quand il arrive au pouvoir en 1981, cette dernière n'est que de 20 % du PIB. La dépense publique ne représente que 46 % de la richesse nationale, les comptes publics sont presque à l'équilibre en dépit du second choc pétrolier et le déficit public structurel n'est que de 1,4 % du PIB. Lorsque son parti perd le pouvoir législatif en 1993 (deux ans avant la fin de son deuxième mandat présidentiel), les poids dans le PIB sont bien différents : 46 % pour la dette, 55 % pour la dépense publique, 5,1 % pour le déficit structurel. Pendant cette période, la croissance structurelle du PIB français passe de 2,8 % à 1,8 % et le taux de chômage de 6 % à 11,5 %.

La « génération Mitterrand » n'a donc pas été celle de la réussite et du bien-être, mais celle du gaspillage des deniers publics, du chômage, des déficits et finalement du début de la bulle de la dette. C'est pourquoi lorsqu'on entend Jacques Attali, conseiller spécial du président de l'époque, donner des leçons sur la gestion de la dette et de la dépense publique, l'on ne peut s'empêcher de sourire.

## Mourir guéri

Pour au moins la quinzième fois en deux ans et la vingtième fois depuis la fin 2009, les dirigeants eurolandais ont encore accouché dans la douleur d'un accord pour sauver la Grèce. C'était le 27 novembre 2012. Promis, juré, craché : c'est fois-ci c'est la bonne !

Seulement voilà, il est possible de « duper son monde » une fois, cinq fois, dix fois, mais peut-être pas vingt.

Ainsi, sans vouloir jouer les oiseaux de mauvais augure, il faut savoir regarder la vérité en face : tout comme les précédents, le dernier accord de sauvetage de la Grèce ne constitue qu'une fuite en avant, histoire de « gagner » encore quelques mois.

Bien sûr, une partie de la dette publique grecque a été annulée. Cependant, cela ne concerne que la dette passée. Or, le problème se pose surtout pour la dette future. D'où l'annonce d'un nouveau plan de rigueur censé réduire les déficits et la dette à venir. Mais là aussi, nous sommes loin du compte. D'une part, à l'instar des précédents plans d'austérité, celui-ci risque d'être peu suivi d'effets sur le terrain. D'autre part, quand bien même l'augmentation des impôts et la baisse des dépenses publiques seraient vraiment engagées dans les faits, elles risquent de s'avérer contre-productives.

Commençons par les recettes fiscales. Sauf à mettre un gendarme derrière chaque contribuable, la hausse de la pression fiscale risque de stimuler l'économie parallèle et/ou d'augmenter les sorties de capitaux. Dans le même temps, cette imposition accrue ne manquera pas de réduire encore l'activité économique. Dans ce cadre, l'élévation des taux d'imposition pourrait bien se traduire par une baisse de l'assiette fiscale et *in fine* des recettes de l'État, ce qui finira par accentuer le déficit public.

Ensuite, du côté des dépenses, il est clair que si l'État grec se contente de réduire les salaires des fonctionnaires, cela n'aura que peu d'impacts. Quant à une éventuelle baisse des dépenses sociales, elle ne viendrait qu'aggraver les tensions qui sont en train de briser la cohésion de la société hellène.

En d'autres termes, il est bien beau d'obtenir l'annulation d'une partie de sa dette publique et de s'engager dans une politique de rigueur, mais il ne sert strictement à rien de mourir guéri.

# N

## Normal

Depuis un an, c'est certainement le mot le plus porteur de l'Hexagone. C'est en tout cas en grande partie grâce à lui que François Hollande a été élu à la présidence de la République française. Mais si l'on sait désormais plus ou moins ce que signifie un président normal, on ne maîtrise pas forcément ce que recouvre ce concept en matière de dette publique et plus globalement de fondamentaux économiques. Ainsi, la croissance normale d'une économie, également appelée croissance structurelle, caractérise la croissance qui est obtenue lors d'un fonctionnement normal de l'économie, c'est-à-dire avec une utilisation optimale des facteurs de production (le capital et le travail). Et ce, sans choc exogène, que celui-ci soit positif (par exemple, une relance budgétaire ou une devise sous-évaluée) ou négatif (crise financière, choc pétrolier, etc.)

Le drame est que, pour la quasi-totalité des pays de la zone euro, cette croissance normale s'est effondrée au cours des vingt dernières années. À l'échelle de l'UEM, mais aussi pour la France, elle est passée de 2,5 % au début des années 1990 à désormais 0,8 %. En Italie et en Espagne, elle se situe autour des 0,6 %. Le pays dans lequel la croissance normale recule le moins est finalement l'Allemagne, avec un niveau de 1,4 % aujourd'hui contre 2,5 % il y a vingt ans. Il faut reconnaître qu'avec la baisse de la population allemande, la facture aurait pu être bien plus salée. Heureusement que Schröder et ses réformes des années 2000 sont passés par là pour éviter la Bérézina.

Le problème est que plus la croissance normale est faible, plus il est difficile, voire impossible, d'atteindre des niveaux considérés comme normaux en matière de déficits publics et de dette des États. Selon le traité de Maastricht et son successeur, le pacte de stabilité, le déficit public normal se situerait autour des 3 % du PIB et la dette publique normale autour des 60 %.

En fait, il n'existe aucune théorie fiable permettant de qualifier le niveau normal de ces ratios. Les dirigeants politiques et les hauts fonctionnaires ont choisi ces niveaux arbitrairement, tout simplement parce qu'au début des années 1990, ils correspondaient aux niveaux moyens qui prévalaient depuis une décennie dans la plupart des pays européens.

Mais, en toute honnêteté, le niveau normal du solde des comptes publics devrait être l'équilibre, voire un léger excédent. Car, ne l'oublions pas, les déficits publics ne doivent être utilisés que lorsque la croissance est trop faible et que la récession menace. L'État doit alors se substituer aux forces du marché pour relancer la demande et retrouver l'équilibre entre l'offre et la demande. En revanche, en temps normal (c'est le cas de le dire), lorsqu'il n'y a pas de pénurie de demande et que la croissance est là, l'État doit réduire ses dépenses et retrouver un équilibre budgétaire.

Parallèlement, s'il n'existe pas de poids normal ou optimal des dépenses publiques dans le PIB, il est évident qu'augmenter sans limite ce dernier est voué à l'échec. Comment peut-on par exemple justifier un niveau de 56,3 % dans l'Hexagone ? Cela signifierait qu'il serait normal que 44 % de l'économie assure constamment le financement des 56 % restants. Soyons donc un peu sérieux et un peu normaux. Certes, de telles proportions existent dans certains pays scandinaves, mais ces derniers sont bien plus « petits » que la France et ont surtout un contrat social bien différent du nôtre. Et pour cause, leurs déficits ne sont que passagers.

Si on laisse penser que le déficit public est normal et qu'il doit même atteindre en permanence 3 %, il est clair que les marges de manœuvre des États pour relancer la machine en cas de crise seront réduites et que la crise de la dette publique sera sans fin.

Sur ce point, il faut également noter qu'il est tout à fait anormal de considérer que le niveau normal de la dette publique soit de 60 % du PIB. Là aussi, il n'existe pas de règle, mais simplement une condition *sine qua non* de soutenabilité : faire en sorte que la dette génère une croissance économique suffisamment forte, au moins pour rembourser la charge d'intérêts de la dette. Si l'on respecte cette condition, alors la dette est soutenable. Cela ne veut pas dire qu'elle soit normale ni à fortiori optimale. Car, une fois encore, les armes du déficit et de la dette ne doivent être utilisées qu'en cas de besoin. Si elles sont mises à contribution en permanence, leurs effets positifs s'estompent et elles deviennent même contre-productives.

En guise de synthèse, la normalité ne doit pas être décidée par des politiques ou des hauts fonctionnaires, mais doit refléter une réalité économique de bon sens.

# O

## Obama

« *Four years more* » (quatre ans de plus). C'est par ces trois mots peu enthousiastes et laissant bizarrement transparaître une certaine lassitude que Barack Obama a annoncé sa réélection à la présidence des États-Unis d'Amérique en novembre 2012. Les politologues ont beau clamer qu'ils l'avaient prédit et que cette victoire était jouée d'avance, il n'en demeure pas moins que Barack Obama est bien un miraculé touché par la « *baraka* ». En fait, sa réélection est historique. Depuis Roosevelt, aucun président américain n'avait été réélu avec un taux de chômage élevé, en l'occurrence 7,9 %. En outre, l'enfant prodige de Chicago est devenu le premier dirigeant occidental réélu en dépit de la crise. Si cette dernière a effectivement eu raison des Brown, Zapatero, Papandréou, Berlusconi et Sarkozy, elle n'a pas eu de prise sur le locataire de la Maison Blanche, qui voit donc son bail prolonger d'un nouveau mandat.

Les explications de cette réussite exceptionnelle sont nombreuses. Il y a bien sûr la personnalité et les gaffes de Mitt Romney. Après la faillite de Lehman Brothers décidée juste avant les élections de 2008 par l'Administration Bush et le peu de dynamisme de John McCain qui ont ouvert les portes de la présidence à Obama, c'est à se demander si les républicains ont vraiment envie de revenir au pouvoir. Certes, à partir du premier débat préélectoral, Romney a repris du poil de la bête, rappelant notamment le bilan économique très mitigé de l'Administration Obama. Depuis 2008, la croissance annuelle moyenne du PIB américain n'a été que de 0,5 %, et ce, en dépit d'une augmentation notable des dépenses publiques, dont le poids dans le PIB est passé de 39 % à 41 %. Mais cela n'a pas suffi. D'autant que le président sortant a bénéficié de deux coups de pouce exceptionnels.

Le premier fut marqué par la troisième phase de « planche à billets » décidée par la Réserve fédérale et son président, Ben Bernanke, un mois et demi avant les élections. Au-delà du caractère excessif de cette nouvelle aide, cette décision a constitué une première, dans la mesure où la Fed s'abstient toujours d'intervenir avant les élections présidentielles. Si elle ne peut être complètement remise en cause, l'indépendance de Ben Bernanke est donc sujette à caution : pourquoi n'a-t-il pas réussi à influencer le gouvernement américain en septembre 2008 de manière à éviter la faillite de Lehman Brothers et a-t-il au contraire soutenu artificiellement l'économie des États-Unis en septembre 2012 ? Une chose est sûre : sauf accident, il restera le président de la Fed pendant les quatre prochaines années !

Soulignons que si les États-Unis sont sortis de la récession dès 2009 et ont évité d'y replonger en 2011-2012, c'est également grâce à la politique accommodante de la Réserve fédérale. Sans elle, il est clair que, comme en Europe, la politique d'augmentation des dépenses publiques décidée par Obama aurait rapidement produit des effets pervers et empêché les États-Unis de sortir de la crise.

C'est d'ailleurs également grâce à cette stratégie que le chômage a pu baisser. Certes, avec un taux de 7,9 % au début 2013, il reste élevé. Néanmoins, il s'inscrit en net repli par rapport au sommet de 10 % atteint en octobre 2009. Il s'est donc produit une inversion de tendance durable qui a été saluée par les Américains, via la victoire d'Obama.

Mais comme si tout cela ne suffisait pas, ce dernier a bénéficié d'un soutien de dernière minute, du nom charmant mais finalement terrifiant de Sandy. En effet, bien loin de la gestion catastrophique de Katrina par son prédécesseur, Obama a fait preuve d'une parfaite maîtrise de la situation et, surtout, il a su le montrer. Ainsi, présent sur toutes les chaînes de télévision, il a pris un malin plaisir à rappeler que les Américains pouvaient compter sur l'État fédéral pour éviter le pire. Alors qu'il n'avait cessé d'être attaqué pendant toute la campagne sur l'augmentation inconsidérée des dépenses publiques depuis quatre ans, Obama a donc réussi à renverser la vapeur en utilisant ce même argument à son avantage. À tel point que l'ancien républicain et maire de New York, Michael Bloomberg, a fini par se rallier à son ennemi d'hier. Devant la preuve que l'intervention de l'État peut aussi constituer une force, Mitt Romney ne pouvait plus lutter et devait même masquer son souhait de réduire la dépense publique à 20 % du PIB américain (un niveau évidemment trop bas).

Seulement voilà, de la même façon que le laxisme budgétaire d'Obama est passé du stade de handicap à celui de bienfait en quelques jours, il a très vite repris sa caractéristique d'origine. En effet, étonnamment peu utilisé pendant la course à la Maison

Blanche par le camp républicain, le « précipice budgétaire » (*fiscal cliff* dans la langue de Shakespeare) menace toujours. Certes, un accord de dernière minute a été trouvé le 1er janvier dernier, le jour même où le plafond de la dette publique autorisé par le Congrès a été atteint. Mais, un peu comme dans la zone euro avec les nombreux plans de sauvetage de la Grèce, les États-Unis n'ont fait que gagner du temps. Ainsi, dans un peu plus d'un an, le nouveau plafond de la dette sera encore atteint. Si celui-ci n'est pas augmenté, l'État fédéral engagera automatiquement une baisse des dépenses de l'ordre de 200 milliards de dollars et une augmentation des impôts de 400 milliards, bloquant instantanément la puissance publique américaine. Du coup, la note des États-Unis sera nettement abaissée, suscitant une forte augmentation des taux d'intérêt, avec baisse de l'activité économique et dégringolade boursière à la clé. Le dollar sera alors de nouveau attaqué, soutenant l'euro à la hausse et aggravant la récession qui sévit sur le Vieux Continent. Une fois encore, n'en déplaise aux dirigeants eurolandais qui se sont grandement félicités de la réélection d'Obama, l'UEM sera le dindon de la farce.

## OR

« *Lorsque le grand public se met à acheter massivement une valeur, c'est le moment de la vendre.* » C'est malheureux à dire, mais cet adage est souvent vrai.

Et les exemples ne manquent pas : c'est en septembre 2000 que les grands médias français font état du caractère très lucratif de la « nouvelle économie » en Bourse. Et c'est exactement à ce moment-là que la bulle Internet éclate en France.

Les « Sicav monétaires dynamiques » ont commencé à percer auprès du grand public au printemps 2007, juste quelques mois avant le début de la crise des *subprimes* et l'effondrement de ces produits ne présentant soi-disant aucun risque mais offrant un fort rendement (un non-sens économique qui a pourtant fait « un tabac »).

En 2009, les marchés sont en émoi et la plupart des gérants conseillent à leurs clients de se focaliser sur les fonds en euros, qui incluent notamment des dettes publiques des pays du sud de l'Europe. On connaît aujourd'hui le résultat. Bref, les cas de retournement de tendance au moment même où les « petits porteurs » arrivent en masse sont légion. Il est donc d'autant plus étrange que ce « piège » fonctionne toujours aussi bien. L'engouement récent pour les bons du Trésor français en est un parfait exemple.

L'évolution des cours de l'or en est un autre. En effet, combien de spécialistes ont annoncé qu'à 1 900 dollars l'once, l'or n'était pas cher ? Pour ma part, j'ai cessé de faire des prévisions sur l'or à partir des 1 200 dollars l'once, pour la simple et bonne raison que, à ce niveau, l'or devenait trop déconnecté des fondamentaux économiques. Comme je le fais encore aujourd'hui, je me suis simplement contenté de rappeler que si l'or est en général une « valeur refuge », il n'en est pas moins soumis aux soubresauts des marchés, et peut donc aussi générer des moins-values. Certes, la volatilité étant extrêmement forte, l'or connaîtra encore des hauts et des bas. Cependant, l'effondrement régulier des cours confirme que l'or est devenu un placement dangereux. Les « diseurs de bonne aventure » qui ne cessaient d'annoncer que la valeur normale de l'or était d'au moins 2 500 dollars l'once ont-ils pensé à ceux qui les ont écoutés et qui en ont acheté à 1 900 dollars ?

Car, sur le front de l'or également, l'histoire se répète. Ainsi, la fameuse barre des 2 000 dollars l'once faisait écho aux 850 dollars qui avaient été atteints en 1980. Car 850 dollars en 1980 équivalent à environ 2 000 dollars aujourd'hui (c'est-à-dire à dollars constants). Ce que les tenants de l'or à plus de 2 000 dollars ont omis de dire, c'est que, après le pic de 1980, l'once s'est effondrée à

400 dollars en quelques mois, puis à 250 dollars quelques années plus tard. Ceux qui ont acheté de l'or à 850 dollars en 1980 n'ont ainsi récupéré leur mise qu'en 2006 mais, en dollars constants, ils ne l'ont toujours pas retrouvée…

Voilà pourquoi il faut se rappeler que l'or n'est une « valeur refuge » que face à trois dangers majeurs : l'hyperinflation, une récession mondiale et un krach boursier et/ou obligataire international. Le début des années 1980 avait la particularité de cumuler ces trois catastrophes. Dès que ces dangers se sont estompés, puis ont disparu, l'or s'est logiquement écroulé. Autrement dit, si demain ces trois menaces refont surface et, surtout, si elles deviennent réalité, l'or pourra alors reprendre du poil de la bête. À fortiori, si la bulle de la dette explose et que la zone euro disparaît, l'or deviendra un refuge exceptionnel.

En revanche, si l'on décide de sauver la zone euro, un contrechoc positif s'observera sur les marchés boursiers, ce qui amènera les cours de l'or à s'assagir, voire à reculer. En outre, après un à-coup sérieux à l'automne 2011, la croissance mondiale a progressivement redémarré en 2012 et devrait se stabiliser autour des 3,3 % jusqu'en 2014. Enfin, si ma prévision d'un euro à 1,15 dollar se vérifie au cours des prochains trimestres, les investisseurs disposeront d'un argument supplémentaire pour vendre de l'or.

Certes, compte tenu de la vigueur de la demande d'or en provenance d'Asie (de la part des banques centrales, mais aussi des particuliers), les cours du métal jaune ne devraient pas s'effondrer. Simplement, il faut se rappeler qu'au-delà des 1 200 dollars l'once, l'or est considéré comme cher. Ceux qui ont le cœur bien accroché et ne craignent pas les sueurs froides pourront donc tenter des allers-retours sur l'or. Les autres doivent savoir qu'en dépit de son caractère de valeur refuge, l'or devient excessivement cher, donc risqué, dès qu'il dépasse les 1 500 dollars l'once.

# P

## PEUR

Depuis 2007, l'évolution des marchés financiers au sens large, et boursiers en particulier, a été chahutée, les phases de chute succédant à des mouvements de rebond correctif, eux-mêmes suivis de nouveaux accès de faiblesse. À l'évidence, ceux qui aiment les émotions fortes ont été servis depuis cinq ans. Et ce n'est pas fini. En effet, les marchés continuent de naviguer en eaux troubles. Il n'y a aucune visibilité, et la peur s'est emparée des investisseurs. Après avoir déjà pris pas mal de bouillons, ces derniers n'acceptent plus de perdre davantage et deviennent donc excessivement frileux. Or, lorsque la peur domine, lorsque les prises de risque sont limitées, il n'y a pas de possibilité de croissance forte, donc de sortie de la crise de la dette. C'est en cela que la peur suscite un mouvement auto-entretenu de récession et de déficits publics élevés qui n'est malheureusement pas terminé.

La Grèce va-t-elle enfin sortir de la crise, ou quitter la zone euro ? Angela Merkel va-t-elle accepter que la zone euro soutienne davantage la « croissance » ? Mais de quelle croissance s'agira-t-il ? Celle de la gauche française qui souhaite encore augmenter les dépenses publiques, ou bien celle de la CDU allemande qui ne jure que par la flexibilité du marché du travail et la compétitivité des entreprises ? Autant de questions qui restent sans réponse. En effet, sans un couple franco-allemand uni, la construction européenne ne pourra avancer et la zone euro restera menacée. Dès lors, en fonction de l'issue de la joute politique qui se joue devant nos yeux entre la France et l'Allemagne, mais aussi en Grèce, en Espagne, en Italie et finalement dans la grande majorité des pays eurolandais, les marchés boursiers pourront passer du rouge incandescent au vert scintillant. Il en sera de même pour les marchés obligataires ou encore pour les devises.

D'ailleurs, en matière d'obligation d'État, le *flight to quality* vers le marché allemand et aussi vers celui de l'Hexagone devient excessif. Si bien qu'avec des taux d'intérêt à dix ans à moins de 2 %, l'État allemand, et à fortiori l'État français, risquent de rencontrer des difficultés pour attirer les investisseurs internationaux.

Rien n'est encore joué. Ce sont souvent des guerriers qui font la paix et des pacifistes qui font la guerre. Autrement dit, François Hollande se donnera peut-être les moyens et la volonté de convaincre les Allemands, mais ceci ne pourra s'effectuer sans réduction des dépenses publiques françaises. En d'autres termes, la mission principale du président français consiste à restaurer la crédibilité de la France sur la scène européenne. S'il y parvient, la croissance pourra revenir et la zone euro sera sauvée. Sinon, il faut malheureusement se préparer à une crise encore bien plus dramatique que celle que connaissent l'Hexagone et la zone euro depuis 2008.

## PIB

Dans la mesure où l'un des mobiles principaux de ce dictionnaire réside dans le franchissement de la barre des 100 % par le ratio dette publique/PIB dans l'Hexagone, il paraît indispensable de définir cette notion. Car si ce rapport augmente, c'est principalement parce que le numérateur s'accroît (nous l'avons vu précédemment), mais aussi parce que le dénominateur baisse ou progresse bien moins vite que la dette.

Revenons donc sur ce terme tellement usité mais pas forcément bien perçu. D'ailleurs, très souvent, certains de mes interlocuteurs, ou des participants à mes conférences me demandent discrètement : « *Marc, pourriez-vous me rappeler ce que signifie exactement le PIB ?* » Il y a, du reste, fort à parier que si l'on posait cette question aux dirigeants des partis politiques français, y compris ceux aux commandes de la France aujourd'hui, ils auraient de grandes difficultés à y répondre…

Le PIB est le produit intérieur brut, c'est-à-dire la richesse créée dans un pays. Il y a trois définitions du PIB. La première se place du côté de la production, donc de l'offre. Il s'agit de la somme des valeurs ajoutées, donc de la production, dont on retranche les consommations intermédiaires, c'est-à-dire les biens utilisés pour parvenir à cette production. Le deuxième type de définition se place du côté de la demande. On additionne alors tous les postes de la demande, soit la consommation finale des ménages, la formation brute du capital fixe, qui inclut l'investissement des entreprises, l'investissement des ménages (le logement) et celui des administrations publiques. On ajoute à cela la formation de stocks, soit ce qui a été produit mais pas encore vendu, et la consommation publique (les prestations sociales principalement). On y adjoint les exportations (produites sur le territoire mais vendues à l'étranger) et on retire les importations (consommées ici mais produites ailleurs). À ce propos, il faut rappeler que les pays développés prennent des risques certains à ne compter que sur la consommation pour soutenir la croissance. En effet, comme la moitié de la consommation est absorbée par les importations, elle ne profite que pour moitié à la croissance.

La troisième définition, la plus fiable, est celle qui se fonde sur les revenus. Le PIB correspond à la somme des revenus, c'est-à-dire des profits et des salaires, soit environ deux tiers de salaires et un tiers de profits dans les pays européens, un rapport qui ne varie quasiment pas depuis plus de quinze ans dans l'Hexagone.

Au bout du compte, ces trois calculs (réalisés en France par l'INSEE) convergent. Toutefois, entre la première estimation établie sur la base de données d'enquêtes et la version définitive qui est obtenue avec la déclaration des revenus, il faut attendre une année, avec souvent pas mal d'écarts.

À force de freiner les éléments constitutifs du PIB, notamment en augmentant les pressions fiscales et réglementaires, ainsi que les rigidités sur le marché du travail, la France s'est engagée d'elle-même dans l'accroissement effréné du ratio dette publique/PIB. On n'a que ce que l'on mérite.

## Pigeons

La frénésie de l'actualité est telle que des mouvements médiatiques se créent à la vitesse de l'éclair, font le « buzz » et disparaissent aussi vite. Ainsi en a-t-il été du mouvement des « Pigeons », suscité par le projet gouvernemental de taxation des plus-values de cessions d'entreprises à 60 %. En effet, d'aucuns pensaient qu'une révolution allait venir de la rue, mais ce sont finalement les patrons de PME et de TPE qui ont mis le feu à la plaine. Certes, il n'y a pas eu de barricades. Pas de pavés ni de vandalisme, simplement une levée de boucliers médiatiques, en particulier sur Internet, notamment avec la fameuse pétition des « Pigeons ». Une fois encore, les Nouvelles technologies de l'information et de la communication ont prouvé qu'elles constituaient une véritable force économique et sociale. Plus forts que le Medef et sa présidente, qui a encore brillé par son inconstance, plus forts que les médias traditionnels qui ont tardé à relayer le mouvement des « patrons modernes », ces derniers et leurs réseaux sociaux ont réussi à faire capoter un projet gouvernemental nocif.

À la recherche de cash pour financer ses déficits, et fidèle à sa stratégie d'augmentation des impôts et de nivellement par le bas, le gouvernement français souhaitait « faire payer » plus que de raison les chefs d'entreprise. Ainsi, lors de la cession de leur société, ces derniers auraient dû reverser 60 % de leurs plus-values pour entretenir le mammouth de la dépense publique. Après avoir payé chaque année un impôt sur les sociétés prohibitif, sans parler de toutes les autres taxes qui grèvent le dynamisme entrepreneurial hexagonal, le créateur-chef d'entreprise aurait donc dû encore « cracher au bassinet ». Après avoir pris de nombreux risques, créé de la richesse et des emplois pendant des années, il se serait donc vu privé d'une partie importante de la rémunération qu'il aurait pu utiliser soit pour réinvestir, soit pour financer sa retraite.

Nous nous serions donc trouvés face à une anomalie lourde de conséquences pour l'économie et la société française. En effet, l'une des règles de base de l'économie, de l'entreprise, voire de la vie tout court, réside dans la formule de bon sens suivante : plus le risque augmente, plus le rendement s'accroît. Autrement dit, pour obtenir un rendement élevé, il faut prendre des risques. À l'inverse, celui qui ne souhaite pas prendre de risque devra se contenter d'un rendement faible. Quoi de plus logique ?!

Certes, pendant la bulle des *subprimes*, certains ont réussi à faire croire que l'on pouvait transformer cette règle en supprimant le risque. À les écouter, il était possible d'accroître le rendement sans augmenter le risque. Évidemment, en dépit d'un maquillage scientifique exceptionnel, la supercherie a fini par être découverte et le monde en paie encore les pots cassés aujourd'hui. Très logiquement, la planète économico-financière est alors revenue vers sa règle de base : « pas de haut rendement sans risque élevé ».

Pourtant, avec son projet de taxation extrême des plus-values de cession, le gouvernement français a confirmé qu'il souhaitait, à son tour, modifier ce principe, mais dans le sens inverse de celui des alchimistes de la bulle des *subprimes*. En d'autres termes, il ne s'agissait plus de transformer le plomb en or, mais l'or en plomb. En effet, la nouvelle règle de l'entrepreneuriat français aurait été : plus le risque augmente, plus le rendement baisse. Dès lors, à quoi bon investir et prendre des risques, si cela implique que 60 % des gains s'envoleront en fumée (sans parler de ceux ponctionnés annuellement) ? Les créations d'entreprises auraient alors fortement chuté, entraînant une baisse du PIB et une hausse du chômage. Devant l'ineptie de ce projet, et face à la montée en puissance du mécontentement, le gouvernement français a donc reculé, tout en faisant savoir qu'il souhaitait toujours augmenter la pression fiscale sur tous, et en particulier sur les entreprises.

Si ces dernières ont gagné une bataille, elles sont loin d'avoir gagné la guerre. Compte tenu d'une fiscalité et d'une pression réglementaire excessives, elles resteront des pigeons, mais sans ailes. En d'autres termes, elles ne pourront pas aller bien loin, et seront contraintes de réduire leurs investissements et leurs embauches.

L'épisode des « Pigeons » confirme le manque de professionnalisme et de clairvoyance du gouvernement français. Il rappelle aussi que la lutte des classes est en train de se muer en « haine des classes ».

## Planche à billets

C'est la botte secrète des pays à forte dette, en particulier des États-Unis. La « planche à billets » ou « comment fabriquer de la monnaie à partir de rien ». En effet, en temps normal, pour pouvoir créer de la monnaie, la banque centrale d'un pays doit disposer de compensations à l'actif de son bilan, en l'occurrence de l'or, des réserves de changes et des titres (notamment des obligations d'État). C'est ce que l'on appelle les contreparties de la masse monétaire. De la sorte, il existe une correspondance entre la monnaie en circulation et la réalité économique du pays. Cela permet notamment d'éviter les dérapages inflationnistes.

Bien différemment, lorsqu'une banque centrale actionne la « planche à billets », cela signifie qu'elle crée de la monnaie *ex nihilo*, donc sans contreparties préalables. Elle imprime des billets « sur la base de rien ». Mieux, avec cette « monnaie de singe », la banque centrale monétise la dette publique, c'est-à-dire qu'elle finance directement le déficit public. Cette stratégie comporte un triple avantage. Premièrement, l'État « éponge » son déficit gratuitement, donc sans faire appel aux investisseurs privés et/ou extérieurs. Deuxièmement, comme l'État ne fait pas appel aux marchés obligataires, les taux d'intérêt restent bas, ce qui permet de faciliter le financement de l'investissement privé et de la consommation des ménages. Troisièmement, du fait de cet excès artificiel de liquidités, la devise du pays concerné se déprécie, soutenant par là même les exportations et la croissance du pays en question.

Le seul danger de cette stratégie est que cet excès de création monétaire suscite une inflation galopante. En effet, si la monnaie en circulation ne correspond pas à une création de richesse équivalente, la différence se traduit par davantage d'inflation. Si les quantités ne s'ajustent pas, ce sont les prix qui le font.

Cependant, il arrive parfois que cette « planche à billets » ne se traduise pas par un dérapage des prix. Cela est notamment le cas depuis quatre ans outre-Atlantique. En dépit de trois phases conséquentes de « planche à billets », l'inflation américaine reste largement sous contrôle (aux alentours des 2 %). L'explication de cet apparent dilemme est double. D'une part, cela signifie que les forces en présence aux États-Unis depuis quatre ans ne sont pas inflationnistes mais déflationnistes. Autrement dit, si la Fed n'avait pas adopté une stratégie monétaire aussi accommodante, une phase de déflation se serait imposée. D'autre part, si la Fed a pu autant user de la « planche à billets » sans dérapage inflationniste, c'est parce que les dollars ainsi créés ont inondé le monde. En d'autres termes, tant que le dollar demeure la monnaie de référence internationale, il existe une demande presque incompressible de billets verts, qui fait que la « planche à billets » américaine et la dette publique de l'Oncle Sam se retrouvent finalement financées par le reste du monde.

Cela signifie qu'une « planche à billets » aussi massive utilisée par un autre pays n'aurait pas les mêmes conséquences qu'aux États-Unis. Certes, dans la zone euro, la BCE pourrait la faire fonctionner sans trop de dégâts. Encore faudrait-il le lui permettre et modifier ses statuts. En revanche, si un pays sortait de la zone euro et pensait profiter de la « planche à billets » sans difficulté, il subirait, au contraire, une vague inflationniste notable, perdrait en crédibilité, verrait sa croissance se réduire et ses déficits publics flamber.

Pour financer la dette, la « planche à billets » peut donc constituer un moyen temporaire et localisé, mais elle n'est certainement pas la panacée.

## Plein-emploi

Ah ! qu'il paraît loin le temps où la France se rapprochait du plein-emploi ! C'était il y a douze ans. À l'époque, précisément en 2000-2001, le taux de chômage français passait sous les 8 % et atteignait même 7,7 % au second semestre 2001, un « plus bas » depuis le quatrième trimestre 1983. Devant un tel résultat, une vague d'euphorie s'emparait de l'Hexagone. En mars 2000, votre serviteur écrivit même un livre (avec Pierre Alexandre) intitulé *Le retour du plein-emploi, une nouvelle révolution française* (Éditions Anne Carrière). Cet essai soulignait alors que, compte tenu des rigidités du marché du travail français, le taux de chômage de plein-emploi se situait autour des 6,5 %. Pas de quoi pavoiser mais, après les presque 11 % atteints de 1993 à 1997, ce niveau aurait largement suffi à l'économie et à la société française pour entrer dans une ère de prospérité durable. Seulement voilà, pour parvenir à ce « nirvana », la France devait encore franchir quelques obstacles, en l'occurrence, conserver une croissance durablement forte, réduire le coût du travail, fluidifier le marché de l'emploi, diminuer la pression fiscale et dégraisser la dépense publique.

Malheureusement, à l'instar d'Icare se rapprochant du soleil, c'est au moment où le plein-emploi était à portée de main que tout s'est écroulé. En effet, bien loin de mener les réformes évoquées ci-dessus, la France a décidé de faire le chemin inverse et a multiplié les occasions gâchées. Au bout du compte et sans surprise, la barre symbolique et psychologique des 3 millions de chômeurs vient d'être franchie. Nous nous abstiendrons des querelles statistiques pour savoir si ce nombre n'est pas un peu sous-estimé par rapport à la réalité. Quelle que soit cette dernière, la situation du marché du travail français est catastrophique. Compte tenu de la récession qui s'impose depuis quelques mois dans l'Hexagone et qui ne s'arrêtera pas avant 2013, le chômage va continuer de faire des ravages. Le taux de chômage devrait rapidement atteindre la barre des 11 %, et très probablement des 12 % fin 2013. Il ne faut effectivement pas oublier que le chômage est une variable retardée de l'activité, avec un décalage d'environ six mois. Ainsi, la récession du second semestre 2012 et du premier de 2013 continuera d'agir sur le chômage jusqu'au printemps 2014. Dans ces conditions, les promesses du président Hollande d'inverser la tendance d'ici à l'automne 2013 tiennent plus de l'utopie que du réalisme économique. D'autant que les mesures annoncées par le gouvernement Ayrault vont exactement à l'opposé des réformes nécessaires pour moderniser notre économie. Certes, les nouveaux emplois aidés qui ne veulent pas dire leur nom limiteront les dégâts. Cependant, ils resteront un écran de fumée qui sera balayé par la récession, l'augmentation de la pression fiscale et les rigidités du marché du travail.

## PORTUGAL

En plus de la Grèce, de l'Irlande et de l'Espagne, le Portugal pourrait bien faire déborder le vase eurolandais. Et ce, même s'il ne représente que 1,8 % du PIB de la zone euro. En effet, à la différence de la Grèce et de l'Irlande qui ont connu presque vingt ans de croissance forte, le Portugal est resté englué dans la mollesse économique. Ainsi, de 1990 à 2007, c'est-à-dire avant le début de la crise, la progression annuelle moyenne du PIB a atteint 2,3 % au Portugal, ce qui est certes supérieur à la « performance » de la

France (1,9 %), mais très inférieur à celle de l'Irlande (6,4 %), de la Grèce (3,1 %) ou encore du voisin espagnol (3,1 %).

Le comparatif des évolutions de PIB par habitant est encore plus édifiant. De 1990 à 2007 (donc, une fois encore, avant la crise), la richesse par habitant de l'Irlande a augmenté de 318 % en valeur et de 129 % en volume, celle de la Grèce de respectivement 383 % et 53 %. De quoi rappeler que la montée en puissance de l'économie hellène s'est aussi accompagnée d'une forte inflation. Toujours est-il que le Portugal reste loin de ces performances puisque, de 1990 à 2007, son PIB par habitant a seulement progressé de 187 % en valeur et de 37 % en volume.

Autrement dit, la Grèce et l'Irlande ont tellement « bien vécu » de 1990 à 2007 que la récente crise est, certes, douloureuse mais demeure supportable, en particulier pour l'Irlande qui a su redémarrer dès 2011. À l'inverse, les Portugais n'ont pas suffisamment amélioré leur niveau de vie pour pouvoir supporter une nouvelle cure d'austérité. Comme cela était déjà le cas en 1990 et en 2000, le PIB par habitant du Portugal reste même l'un des plus faibles de la zone euro. En 2012, il n'était ainsi que de 15 000 euros, contre 18 000 pour la Grèce et 35 500 euros pour l'Irlande. À titre de comparaison, celui de la France se situe à 32 000 euros par habitant.

Au classement des PIB par habitant de l'ensemble de la zone euro, l'Irlande est ainsi passée de la neuvième place en 1990 à la deuxième place de 2000 à 2009, pour finalement rétrograder en quatrième position en 2012, évidemment loin derrière le Luxembourg (83 000 euros par habitant), mais quasiment à égalité avec l'Autriche et les Pays-Bas (environ 36 000 euros). Pour un pays en crise, il y a donc pire. Dans ces conditions, l'Irlande paraît la plus à même de sortir assez rapidement de la bulle de la dette publique. Certes, cette dernière représente environ 115 % du PIB irlandais. Un niveau élevé, mais qui devrait se réduire dès

2013-2014 grâce au retour de la croissance. Pour la Grèce, ce sera évidemment beaucoup plus difficile. Certes, en matière de PIB par habitant, elle a quitté la dernière place qu'elle occupait en 1990 pour arriver à la douzième place l'an passé, malgré la crise. Son problème principal réside évidemment dans sa dette pléthorique qui avoisine les 170 % du PIB malgré sa récente restructuration.

À l'inverse, si le Portugal affiche une dette publique de « seulement » 119 % de son PIB, sa structure sociale apparaît encore plus fragile que celle de la Grèce. Ainsi, d'avant dernier en 1990, son PIB par habitant est désormais dernier de la zone euro à douze, et quinzième de l'UEM à dix-sept, *ex aequo* avec Malte et juste devant la Slovaquie et l'Estonie, qui étaient évidemment très loin de l'Euroland et même de l'Union européenne en 1990.

Pour ne rien arranger, le taux de chômage portugais demeure fort et la crise politique qui sévit dans le pays depuis 2011 devrait encore accroître les incertitudes, donc annihiler les chances de reprise à court terme. Dans ce cadre, les taux d'intérêt des obligations d'État ont flambé dangereusement, atteignant même un sommet de 17,5 % début 2012. Et si une détente appréciable a eu lieu depuis, avec des niveaux compris entre 6 et 8 % fin 2012-début 2013, ils restent encore beaucoup trop élevés. N'oublions effectivement pas la règle de base « taux d'intérêt-croissance ». Tant que les premiers sont supérieurs à la seconde (mesurée évidemment en valeur, c'est-à-dire avec l'inflation), les chances de sortie de la bulle de la dette sont nulles. Car il n'y a pas assez de croissance pour rembourser la charge d'intérêts de la dette !

Déjà particulièrement salée depuis 2008, cette dernière n'a cessé de s'alourdir pour avoisiner les 4,5 % du PIB en 2012 (après déjà 3,6 % du PIB en 2011). Tant que la croissance en valeur du Portugal n'aura pas atteint 4,5 %, la situation du pays demeurera inextricable. Or, en 2013, avec une baisse du PIB d'au moins 3 % et une inflation d'environ 1,5 %, le pays subira une décroissance en valeur de 1,5 %. Récession, taux d'intérêt toujours élevés, tensions politiques et sociales : les déficits publics semblent condamnés à rester massifs au moins jusqu'en 2014. D'où de nouvelles dégradations de la notation en perspective, puis une tension aggravée sur les taux d'intérêt des obligations d'État, donc plus de déficits...

C'est alors que les difficultés sociales portugaises prendront toute leur importance. Car si en Irlande et en Grèce, en dépit d'une croissance forte depuis vingt ans, les dérapages sociaux sont difficiles à maîtriser, la situation risque d'être encore bien plus délicate au Portugal. Dès lors, ce pays pourrait être tenté de claquer la porte de la zone euro, entraînant un effet domino qui se terminerait par l'explosion de l'UEM.

# Q

## Qatar

Petit émirat du golfe Persique de 11 437 km² pour 1,7 million d'habitants, le Qatar est devenu en quelques années un investisseur insatiable à travers le monde et notamment en France. Il faut dire qu'après avoir passé leur temps à dépenser leur manne pétrolière dans des domaines bien peu constructifs, les dirigeants du Qatar ont compris que, cette dernière n'étant pas éternelle, il fallait peut-être commencer à penser à l'après-pétrole. Et cela tombe bien puisque de plus en plus de pays occidentaux ont un besoin cruel de cash, que ce soit pour financer leur dette publique et/ou leur développement, et/ou leurs entreprises, dont la valorisation a été cruellement abaissée avec la crise. En période de soldes, le Qatar fait donc ses emplettes.

Il en a largement les moyens : de 2000 à 2012, son PIB a progressé de 310 % (évidemment en volume, c'est-à-dire hors inflation), chaque année, sa balance courante affiche un excédent de 26 % à 30 % de son PIB, soit plus de 23 milliards de dollars en 2012. Avec un baril de pétrole à environ 100 dollars sur les marchés internationaux, contre un coût de production moyen d'environ 15 dollars sur place, ça aide… De plus et surtout, le Qatar est le troisième producteur mondial de gaz naturel et le premier exportateur de gaz liquéfié.

En terme de PIB par habitant, le Qatar se hisse à la deuxième place mondiale, avec, en 2012, un niveau de 100 400 dollars, soit 5 000 dollars de moins qu'au Luxembourg et 60 000 dollars de plus qu'en France.

Mais ce n'est pas tout, puisque, grâce à ces résultats exceptionnels, le Qatar a considérablement réduit ses dépenses publiques, dont le poids dans le PIB est passé de 51 % en 1993 à 29 % en 2012 (après un « plus bas » de 24,8 % en 2008). Depuis 2000, ses comptes publics ont été constamment excédentaires, affichant un surplus annuel moyen de 8,6 % du PIB (9,5 % en 2012). À l'évidence, si en France on n'a pas de pétrole mais des idées, avoir du pétrole et aussi un peu de gaz, ça aide quand même…

Enfin, couronnement logique de ces comptes publics hors pair, la dette publique du Qatar est passée de 65,5 % du PIB en 1999 à 7,4 % en 2007. Depuis, celle-ci est repartie à la hausse, pour atteindre 35 % en 2012. Mais attention, dans la mesure où les comptes publics sont en excédent permanent, cette dette supplémentaire n'est pas le produit des déficits nationaux, mais du financement des pays et des entreprises en déficit à travers le monde. Autrement dit, le Qatar ne se contente pas d'investir ses excédents, il s'endette pour mieux inonder la planète.

Certes, pour le moment, le Qatar est encore loin de pouvoir conquérir le monde. Il ne représente après tout que 0,23 % du PIB mondial (en parités de pouvoir d'achat). Pour autant, cette part est le triple de celle qui prévalait en 2000, à savoir 0,08 %. Mais c'est surtout en tant qu'investisseur international que le Qatar marque des points. Il gère ainsi l'un des plus grands fonds souverains de la planète, le QIA (Qatar Investment Authority), dont les avoirs avoisinent les 700 milliards de dollars.

À force de conquérir des parts de marché ici ou là et de devenir un important créancier des États à forte dette et en mal de liquidités, il devient de plus en plus incontournable. En particulier en France, où les dirigeants ne cessent de lui ouvrir les portes de notre économie et de notre société. Attention au revers de la médaille…

# R

## Récession

« Couvrez cette récession que je ne saurais voir ! » Après avoir joué les tartufes depuis la fin 2011, en essayant de masquer le retour de la récession, les dirigeants eurolandais et français ne peuvent désormais plus nier l'évidence. En effet, techniquement, une récession signifie que le PIB d'un pays ou d'une zone a reculé pendant au moins deux trimestres consécutifs. Or, après avoir déjà régressé de 0,2 % au deuxième trimestre 2012, le PIB eurolandais a encore baissé de 0,1 % au troisième. Sans surprise, la zone euro est bien retournée officiellement en récession et devrait y rester au moins jusqu'au printemps 2013.

La grande majorité des pays de l'Union économique et monétaire est affectée par ce retour de la récession. À commencer bien sûr par la Grèce, qui va bientôt entrer dans sa sixième année de dépression. La « redescente aux enfers » est presque aussi dramatique pour l'Italie, l'Espagne et le Portugal. Ces derniers en sont d'ailleurs à leur quatrième trimestre consécutif de baisse du PIB. Après avoir déjà connu une récession historique en 2009, puis une toute petite reprise en 2010, ils ont replongé dans le marasme dès 2011. Il s'agit d'un véritable cas d'école de « double chute » également appelé « W », si ce n'est que le dernier rebond du « W » n'a pas encore eu lieu.

L'observation des glissements annuels du PIB est sans appel : –7,2 % pour la Grèce, –3,4 % pour le Portugal, –2,4 % pour l'Italie et –1,6 % pour l'Espagne. Même les Pays-Bas qui ont, jusqu'à présent, évité le pire, ont commencé à lâcher prise. Sur le seul troisième trimestre, leur PIB a chuté de 1,1 %, affichant un glissement annuel de –1,4 %. La facture aurait pu être encore plus salée si l'Allemagne et la France n'avaient pas « relevé » le niveau, en affichant une augmentation trimestrielle de leur PIB de respectivement 0,2 % et 0,1 %. Si la performance de l'Allemagne peut à la rigueur se comprendre, celle de la France paraît complètement décalée par rapport à la réalité de l'emploi et du chômage (*cf.* marketing). Toujours est-il que les glissements annuels des PIB de ces pays demeurent particulièrement faibles : respectivement 0,9 % et 0 %.

De plus, les indicateurs avancés du PIB, qui avaient plutôt bien anticipé l'actuelle récession, indiquent que cette dernière ne fait que recommencer. Selon l'enquête de la Commission européenne, le glissement annuel du PIB eurolandais devrait même avoisiner les –2 % au printemps prochain.

Dans le meilleur des cas, la récession prendra fin au second semestre 2013. Sauf si l'euro continue de rester trop cher, transformant la récession en dépression.

## Retraite

La scène se passe en février 2009 dans le bureau du juge Denny Chin, chargé de l'affaire Madoff. Le premier demande au second : « *Mais tout de même, monsieur Madoff, quelle mouche vous a piqué ? Qui vous a donné l'idée de réaliser une telle carambouille : faire payer les anciens cotisants par les nouveaux arrivants ?* » Bernard Madoff reste calme et répond : « *C'est très simple, j'ai observé le système de retraite par répartition en France et j'ai fait pareil.* »

S'il s'agit évidemment d'une blague que l'on raconte sur les marchés financiers depuis le début de la triste affaire du nom du plus grand arnaqueur financier de l'Histoire (du moins, parmi ceux qui se sont fait attraper…), elle prend aujourd'hui une acuité cuisante dans le cadre du retour du débat sur le financement des retraites en France en 2013. Cette question n'est effectivement pas nouvelle puisque le premier livre blanc sur les retraites françaises date de 1974. À l'époque, on comptait 3,14 actifs pour un retraité. Le financement du système de retraite par répartition consistant à faire payer les retraites par les actifs ne posait donc aucun problème. Pourtant, on savait déjà que ce « système Ponzi » finirait forcément par exploser à partir du moment où les effets du baby-boom de l'après-guerre s'inverseraient. « *Dans les années 2010* », disait-on à l'époque, et cela paraissait bien loin.

Dix-sept ans plus tard, conscient de la proximité de l'échéance, le gouvernement Rocard commandait un nouveau livre blanc sur la retraite. Mais comme la plupart des livres blancs, il fut très vite rangé dans un placard et ne donna lieu à aucune réforme. Jusqu'en 2000, une dizaine de rapports gouvernementaux sur le même sujet furent alors rédigés, mais avec quasiment les mêmes conséquences, c'est-à-dire le *statu quo*. La tentative puis la reculade du gouvernement Juppé en 1995 confirmaient même que le problème du financement de la retraite par répartition était devenu tabou dans l'Hexagone. Il a fallu attendre 2003 pour qu'une réforme des retraites soit enfin engagée. Appelée « loi Fillon », du nom du ministre du Travail de l'époque, cette loi était censée tout résoudre. Pourtant, pour boucler son modèle de financement, elle tablait sur deux hypothèses hasardeuses : une croissance économique de 3 % par an et un taux de chômage stabilisé autour des 4,5 %. Bien entendu, ces prévisions n'ont pas été vérifiées. Loin s'en faut, puisque les niveaux structurels de la croissance et du taux de chômage de la France étaient déjà de respectivement 1 % et 8,5 %. Et ce, avant même la crise de 2008-2009. Autrement dit, si cette dernière n'a évidemment pas arrangé les choses, soutenir qu'elle est à l'origine du trou des retraites relève du mensonge éhonté.

Toujours est-il que face à ces carences économiques, le problème du financement de la retraite par répartition n'a absolument pas été résolu par la loi Fillon. Or, la fameuse échéance des années 2010-2020, qui paraissait lointaine en 1974 et 1991, est désormais engagée. Et la réalité est sans appel : on ne recense plus que 1,51 actif pour un retraité. À l'instar du système Madoff qui s'est effondré lorsque les nouveaux cotisants n'étaient plus suffisamment nombreux par rapport aux anciens (qui, en plus, réclamaient leur dû), le système de retraite par répartition à la française est voué à l'explosion. Souligner une telle réalité ne relève pas de la politique, ni même de l'économie, mais tout simplement de la mathématique.

Pourtant, en dépit d'une telle évidence, une grande majorité des Français, du moins selon les sondages, continue de vouloir maintenir le *statu quo*. Chacun y va de son argument. Pour les uns, la retraite à soixante ans est un acquis social qu'il est impensable de casser ; pour d'autres, il suffit de créer un nouvel impôt pour tout résoudre (encore un…), pour d'autres encore, les chiffres avancés par le Conseil d'orientation des retraites (COR) seraient exagérément pessimistes. S'il semble clair que de telles prévisions sont forcément sujettes à caution, il faut néanmoins souligner que celles du COR paraissent plutôt optimistes ! En effet, le Conseil continue de penser que le taux de chômage français va tendre progressivement vers 4,5 % ou, au pire des cas, vers 7 %. Avec un niveau actuel de 10,8 %, on peut en douter. En d'autres termes, les déficits annuels des retraites prévus par le COR (40 milliards d'euros à partir de 2015, 60 milliards à partir de 2020 et 115 milliards en 2050) sont loin d'être des plafonds, constituant au contraire des planchers.

En outre, il ne faut pas oublier qu'il s'agit là de déficits annuels qui se cumuleront dans le temps et pourront avoisiner les 2 600 milliards d'ici 2050. Or, la dette publique atteint déjà plus de 1 800 milliards d'euros et va encore augmenter, indépendamment des déficits des retraites. Il est donc clair que, si la question du financement des retraites n'est pas résolue au plus vite, la note de la dette publique française sera massivement dégradée dans de brefs délais. D'où une augmentation des taux d'intérêt, impliquant moins de croissance, plus de déficits, plus de trous des retraites et de la sécu. Finalement, la distance entre Paris et Athènes sera subitement raccourcie...

C'est pourquoi la réforme des retraites de l'ère Sarkozy est presque déjà caduque et appelle une nouvelle révolution dans les tout prochains trimestres. Car la résorption du trou des retraites est un enjeu national. Néanmoins, plutôt que de se lancer dans une nouvelle querelle de chiffres, avec des colmatages de brèches en tous genres, des saupoudrages de mesurettes, des nouveaux impôts, etc., il faudrait que la solution passe simplement par une plus grande responsabilisation des Français face à leur retraite, donc que chaque Français connaisse officiellement et chaque année le montant de ses cotisations retraites, ainsi que le montant des prestations retraites auxquelles elles lui donnent droit. Ensuite, chacun pourra choisir : partir tard ou tôt à la retraite et, en fonction de son choix, recevoir plus ou moins de pensions. Dans le même temps, il faudra forcément soutenir le système par répartition avec une retraite par capitalisation qui permettra aux retraités de toucher l'ensemble des sommes collectées pendant leur vie active, soit d'un seul coup, soit sous forme de rente.

Les deux mots clés du sauvetage de la retraite française sont donc *responsabilité* et *liberté*. Il n'est plus possible de continuer à entretenir la déresponsabilisation des Français à l'égard de l'économie en général et des systèmes sociaux en particulier, en trouvant constamment des boucs émissaires à nos problèmes, et en défendant qu'il suffit d'augmenter les impôts pour résoudre les questions difficiles. Chaque individu est capable de comprendre que s'il vit plus longtemps (et c'est tant mieux), il doit forcément cotiser plus pour garder le même niveau de prestations retraites qu'avant. En revanche, il doit aussi avoir la certitude que ces cotisations supplémentaires ne serviront pas simplement à entretenir le « mammouth » ou à payer des personnes qui ont beaucoup moins cotisé que lui. Les Allemands, les Belges, les Anglais, les Italiens et beaucoup d'autres à travers le monde l'ont compris, il n'y a pas de raison que les Français n'y parviennent pas.

## Révolutions

Depuis le XVIII^e^ siècle, les révolutions ont généralement été engendrées par deux causes principales : le surendettement et/ou la faim. Celles des toutes dernières années n'ont pas dérogé à la règle. Après la Tunisie, l'Égypte, la Libye et Bahreïn hier, la Syrie aujourd'hui, quels seront les prochains pays sur la « liste de la révolution » ? L'Arabie Saoudite et l'Iran demain ? La Chine après-demain ? Les pays d'Europe du Sud après-après-demain ? Et pourquoi pas la France juste après ? En fait, personne n'en sait rien et ne comptez pas sur moi pour jouer les devins. La prévision économique est déjà assez difficile, je laisse à d'autres la prophétie géopolitique…

Pour autant, dans la mesure où ces révolutions sont en partie les conséquences de la crise économique mondiale, et ne manqueront pas de peser sur les évolutions économico-financières futures, il serait absurde de les ignorer. Bien entendu, certains, en particulier les pouvoirs dictatoriaux en place, ont avancé que ces « dérapages » étaient fomentés par les services secrets de l'Occident. Cet argument paraît tellement facile qu'il en est grotesque. D'ailleurs, si tel était le cas, les diplomaties occidentales ne se seraient certainement pas pris les pieds dans le tapis comme elles l'ont magistralement fait. Elles n'auraient pas non plus enchaîné les acrobaties les plus abracadabrantesques pour tenter de sauver la face et de faire oublier combien elles avaient soutenu pendant des décennies les régimes en place. Autrement dit, bien loin de la théorie du complot, ces révolutions passées, actuelles et à venir semblent relever d'une réalité beaucoup plus concrète, en l'occurrence d'un mouvement de « ras le-bol » de populations appauvries et sans espoir.

Ne l'oublions pas : l'une des principales raisons de la Révolution française de 1789 était la succession de mauvaises récoltes agricoles qui ont fait flamber les prix des denrées alimentaires et ont créé des situations de disette et d'appauvrissement. Le développement des moyens de communication de l'époque et l'essor de la philosophie, sans oublier le faste excessif de l'élite royale, ont fait le reste. Deux cent vingt ans plus tard, les mêmes causes ont produit les mêmes effets. La crise de 2008-2009 puis la flambée des cours des matières premières ont aggravé la paupérisation et la malnutrition dans les pays les plus fragiles. Les nouveaux moyens de communication

(Internet, vidéos sur téléphones portables, YouTube, Twitter...) ont accentué la pression sur des populations qui ne pouvaient plus supporter l'écart entre leurs conditions de vie de plus en plus difficiles et le luxe ostentatoire de leurs dirigeants.

Si ces trois ingrédients (appauvrissement, Internet et fort décalage entre le peuple et l'élite) sont réunis, les révolutions risquent de se répandre comme une tâche d'huile dans les prochaines années. Les dictatures encore en place en sont tout à fait conscientes et tentent, parfois, d'apporter des réponses afin d'anticiper la contagion. Certaines se contentent d'augmenter les ressources et les salaires de leur armée et de leur police. D'autres préfèrent lâcher du lest sur les revenus de la population. D'autres encore essaient de mieux contrôler les médias et de museler leur réseau Internet. D'autres enfin s'engagent dans ces trois types de mesures à la fois. Le problème est que l'ensemble de ces incertitudes pourrait alimenter la hausse des cours du pétrole et des matières premières, réduisant d'autant le pouvoir d'achat des populations en difficulté, et accroissant par là même les risques de dérapages sociaux.

Bien sûr, notre prisme occidental voudrait que ces risques soient cantonnés aux seuls pays émergents, ce qui finirait d'ailleurs par ralentir leur montée en puissance, notamment celle de la Chine, dont la volonté hégémonique commence à en agacer plus d'un. Seulement voilà, les dirigeants chinois ont déjà mis en place leur « riposte » avant même que le problème ne se pose. En effet, conscients que seule l'élévation du niveau de vie peut limiter les mouvements sociaux, ils ont permis à leur population de s'enrichir progressivement. Le nombre de Chinois vivant correctement selon des critères occidentaux est ainsi passé de 100 millions en 2000 à environ 400 millions aujourd'hui. Et s'il manque encore 900 millions de Chinois à l'appel, ces derniers ont le sentiment qu'ils pourront prendre le train du bien-être dans les prochaines années. Ces espoirs s'avéreront peut-être vains mais, au moins, ils ont le mérite d'exister, refrénant les velléités révolutionnaires. En outre, quand bien même des mouvements sociaux se produiraient ici ou là dans l'empire du Milieu, ce dernier dispose de 3 300 milliards de dollars de réserves de changes pour relancer la machine. Passé maître dans l'art du contrôle médiatique, le gouvernement chinois pourra, par ailleurs, distiller des îlots de liberté surveillée, à même de calmer les ardeurs des plus tenaces.

Pendant que les Occidentaux se focalisent sur les dangers qui pèsent sur les pays émergents, d'autres font la sourde oreille et s'estiment immunisés contre les risques sociaux. Pourtant, les trois ingrédients pernicieux évoqués plus haut ne sont pas l'apanage des pays pauvres et/ou dictatoriaux. Ils se retrouvent également dans de nombreux pays développés et démocratiques. À commencer par notre douce France. Car, au risque de choquer l'intelligentsia nationale, ici aussi l'appauvrissement de la classe moyenne, le défoulement sur le Net et l'écart croissant entre l'élite et le « peuple » sont présents et montrent que la menace révolutionnaire existe. Malheureusement, refusant une fois encore de voir la réalité en face, les dirigeants politiques français préfèrent dénoncer une exagération médiatique plutôt que de se remettre en question. Dommage, car lorsque la révolution aura commencé, il sera trop tard…

# S

## Sarkozy

Que restera-t-il de la présidence Sarkozy ? Le *Fouquet's* ? Le divorce d'avec Cécilia ? Le mariage avec Carla Bruni ? Le « *Casse-toi pauv' con* » ? Ou encore le débat raté avec François Hollande ? À force de tout miser sur le marketing, le marketing a pris le dessus.

Bien sûr, il faut souligner que Nicolas Sarkozy a été à la hauteur lors de la crise de 2008 et que, avec Ségolène Royal à sa place, la situation aurait été certainement plus périlleuse. Toutefois, les faits sont là : de 2007 à 2012, la croissance française est passée de 2,5 % à 0 %, le taux de chômage de 8,4 % à 10,6 %, le ratio dépenses publiques/PIB de 52,6 % à 56,3 %, et enfin le rapport dette publique/PIB de 64 % à 90 %.

Évidemment, il y a eu la crise financière et l'hyperprésident ne disposait mécaniquement plus des « pleins pouvoirs ». Mais c'est justement là que réside l'une des principales erreurs de Nicolas Sarkozy. Lorsqu'il est largement élu en 2007, la crise n'a pas commencé. Il dispose d'un boulevard pour faire les réformes, un peu d'ailleurs comme Jacques Chirac en 2002. Malheureusement, à l'instar de son prédécesseur, oubliant sa fameuse « rupture », Sarkozy a joué la continuité. Plutôt que de baisser franchement les impôts et les dépenses de fonctionnement, il a choisi de s'enfermer dans le piège du bouclier fiscal et a commandé un énième rapport qui, comme les autres, a fini dans un placard. Dommage car la France a encore perdu cinq ans. Or, s'il y a cinq à dix ans, les réformes structurelles du marché du travail, les mesures concernant les impôts et les dépenses publiques étaient relativement aisées à mettre en place, elles ne le sont plus aujourd'hui. Même si la bulle de la dette a commencé sous Mitterrand et explosera sous Hollande, c'est pendant l'ère Sarkozy qu'elle est montée en puissance. Une chose est donc sûre : les présidents passent, mais la dette reste…

## SORTIE DE CRISE

Comme disait Albert Einstein (encore lui !) : « *Un problème sans solution est un problème mal posé.* » Autrement dit, à chaque problème sa solution. La crise de la dette publique n'échappe pas à cette règle et pourrait prendre fin assez rapidement si les dirigeants eurolandais décidaient de remplacer le dogmatisme et les idées reçues par le pragmatisme et la remise en question du fonctionnement de l'UEM pour plus d'efficacité économique. Si, au fil des mots de ce dictionnaire, de nombreuses solutions ont été mises en exergue, il paraît opportun de les synthétiser ici.

Ainsi, la sortie de crise passera principalement par la restauration d'une croissance forte et durable. Pour y arriver, je ne cesserai de le répéter, l'euro doit baisser fortement. Au moins à 1,15 dollar pour un euro. Cette dépréciation s'obtiendra à la fois par une baisse du taux refi de la BCE à 0,5 %, par une véritable cohésion eurolandaise sur la question et par la conclusion d'accords internationaux en faveur d'un meilleur équilibre des taux de change au sein du Système monétaire international.

Parallèlement, pour éviter une nouvelle tension des taux d'intérêt obligataires, la BCE devra forcément finir par acheter des bons du Trésor en direct, notamment de la Grèce, mais aussi des autres pays en difficulté, à commencer par le Portugal, l'Espagne et bientôt l'Italie. Pour comprendre le caractère inévitable de cet effet domino, il suffit de passer quelques jours dans ces trois pays pour prendre conscience que la récession et la rigueur deviennent insupportables et que la grogne sociale commence à être dangereuse. Pour parachever ce véritable sauvetage de la zone euro, cette dernière devra aussi engager une politique de relance de l'investissement à l'échelle de l'UEM, financée par des eurobonds (c'est-à-dire des obligations eurolandaises supranationales). Cela signifiera aussi la création d'un budget fédéral eurolandais piloté par un ministre de l'Économie supranational.

Bien entendu, les États eurolandais devront s'engager dans une refonte de leur stratégie, réduisant les dépenses de fonctionnement et harmonisant leur pression fiscale vers le bas. Si la France voulait, par exemple, abaisser son ratio pression fiscale/PIB au niveau de la moyenne de la zone euro, elle devrait baisser ses impôts de 70 milliards d'euros. Nous avons donc du pain sur la planche.

Grâce à l'ensemble de ces mesures, les États de l'UEM pourraient réduire leurs déficits. Leur crédibilité serait alors renforcée et les taux d'intérêt des obligations souveraines reprendraient le chemin de la baisse, soutenant à nouveau l'activité économique. Il faudrait également mener une réforme massive des marchés du travail, pour aller vers plus de fluidité et une meilleure adéquation entre l'offre et la demande. Au final, la croissance remonterait durablement vers les 2,5 %, ce qui ne serait, certes, pas formidable, mais suffisant pour créer des emplois, faire baisser le chômage et rembourser sans difficulté la charge d'intérêts de la dette. Nous pourrons alors chanter en chœur : la crise est finie !

Malheureusement, nous n'en sommes pas encore là, et même si toutes ces mesures sont engagées dans les tout prochains mois, la sortie de l'ornière ne se produira, dans le meilleur des cas, que fin 2014-début 2015.

À l'inverse, si les dirigeants eurolandais s'obstinent à refuser le bon sens et ne mettent pas en musique l'essentiel des mesures ci-dessus, la situation s'envenimera et la zone euro atteindra rapidement un point de non-retour qui la conduira à l'explosion. La sortie de la crise de la dette publique aura donc bien lieu mais pour nous conduire vers un nouveau marasme, plus grave que la bulle de la dette.

## Subprimes

Que n'a-t-on pas dit et écrit sur la crise des *subprimes* ? Moi-même, j'en ai déjà beaucoup parlé un peu partout, notamment dans mes deux derniers livres. Mais si l'on veut garder une leçon de cette crise, il suffit de se souvenir de l'une des règles de base de l'économie : plus le rendement augmente, plus le risque s'accroît. Le drame n'était pas seulement de laisser des ménages non solvables s'endetter démesurément, mais surtout de laisser croire que cela n'était pas dangereux. Ainsi, en donnant les clés des marchés financiers à des ingénieurs et des mathématiciens chevronnés, ces derniers ont transformé ces dettes *subprimes* extrêmement dangereuses en des titres à priori sans risque, puisque, grâce à une mathématisation extrême, ils étaient notés triple A par les agences de notation. Autrement dit, tout ce beau petit monde a laissé croire que l'on pouvait augmenter le rendement sans augmenter le risque. C'est cette supercherie que nous payons encore aujourd'hui.

Mais, attention, les « dettes titrisées » (c'est-à-dire représentées sous forme d'obligations) à priori sans risque mais intrinsèquement dangereuses n'ont pas disparu. Elles sont même « montées en grade », puisqu'elles sont désormais le produit des États, y compris français.

## SURENDETTEMENT

S'il est souvent associé aux particuliers, le surendettement peut également s'appliquer aux pays. D'ailleurs, nous avons beaucoup parlé de la dette publique dans ce dictionnaire, mais si l'on y ajoute la dette privée, il faut savoir que l'endettement total des pays industrialisés dépasse désormais 350 % de leur PIB. C'est un véritable pic dans la lente montée depuis les années 1960, avec une accélération certaine depuis une dizaine d'années. Le précédent record a été établi au sortir de la Seconde Guerre mondiale. Certes, nous avons connu des épisodes critiques d'endettement (crise latino-américaine des années 1980, crise asiatique de 1997), mais les victimes du surendettement étaient alors des régions périphériques. Cette fois-ci, c'est le cœur du système économique mondial qui est touché : États-Unis, Europe, Japon. Même la Chine commence à inquiéter (système bancaire opaque, bulle immobilière, etc.).

Le véritable danger de ce dérapage tient au caractère délétère du surendettement : c'est une sorte de drogue, dont les effets ne se font sentir que lorsqu'il est trop tard. La confiance des investisseurs s'évapore très rapidement. Les acheteurs d'obligations publiques exigent d'abord des rémunérations plus élevées pour couvrir le risque, puis refusent de refinancer les dettes. L'histoire se termine par le défaut de paiement et la restructuration à marche forcée. À l'instar de l'Argentine qui a mis plus de dix ans pour sortir de sa dépendance à la dette (et elle n'est d'ailleurs toujours pas guérie), les pays occidentaux, et en particulier ceux de la zone euro, vont devoir entamer une cure de désintoxication draconienne qui durera une bonne dizaine d'années. Si l'on veut que cette cure fonctionne, il faudra néanmoins ajouter un peu de confiture pour faire passer la pilule, c'est-à-dire soutenir la croissance et l'emploi, notamment au travers d'un taux de change moins fort et d'une politique budgétaire et fiscale plus efficace.

# T

## Taxe Tobin

Et si la taxe sur les transactions financières, dite taxe Tobin, était la solution à la crise de la dette publique et plus globalement aux crises financières ? Si certains experts et dirigeants se plaisent à penser ainsi, la réalité est tout autre. En fait, cette mesure constituerait une erreur stratégique particulièrement coûteuse, voire dangereuse.

Avant toute chose et comme le soulignait d'ailleurs son concepteur, James Tobin, la taxe sur les transactions financières soulève un sérieux problème de faisabilité. Comment peut-on distinguer parmi l'ensemble des opérations celles qui relèvent de la spéculation pure de celles qui sont utiles à l'économie ? Cela suppose de mettre en place un système de contrôle aussi complexe qu'onéreux.

Et même si l'on franchissait cet obstacle, il faudrait instituer des mécanismes de collecte et de surveillance qui alourdiraient encore les coûts organisationnels de l'opération.

De plus, imaginer que la spéculation va disparaître grâce à une nouvelle taxe symbolique relève de la gageure. En effet, la spéculation fait partie de la vie des marchés. Pour la supprimer, il faudrait fermer ces derniers. D'ailleurs, si la France était la seule à appliquer cette mesure, ce serait certainement à terme la fin de la place de Paris. Celle-ci étant déjà très loin de ses homologues internationales, le choix du cavalier seul, en matière de taxation, aggraverait le déséquilibre concurrentiel et ruinerait notre crédibilité.

D'ores et déjà, les banques françaises sont en train de réduire les activités de marchés à la portion congrue, compte tenu de la pression fiscale et réglementaire (notamment en matière de fonds propres) qui pèse dessus. Comme je l'évoque depuis bientôt trois ans, la finance est devenue la sidérurgie des années 1980, à savoir un secteur sinistré. Alourdir, même symboliquement, cette pression lui donnerait le coup de grâce. Cela se traduirait notamment par une augmentation des destructions d'emplois dans ce domaine et par l'alourdissement des conditions de financement des entreprises. Dans ce cadre, une nouvelle réduction de l'investissement, donc de la croissance et de l'emploi, se produirait à l'échelle du pays. Au-delà du simple secteur financier, c'est toute l'économie nationale qui pâtirait de cette mesure.

## Trappe à liquidités

À force de tirer sur la corde, elle finit par se casser. Cet adage populaire sied parfaitement à ce que l'on appelle la « trappe à liquidités », qui caractérise une politique monétaire tellement accommodante qu'elle finit par devenir contre-productive. Après la Banque du Japon depuis une quinzaine d'années, la Réserve fédérale américaine vient de nous en donner une nouvelle illustration. En effet, en septembre dernier, un mois et demi avant les élections présidentielles, la Fed a encore donné un coup de pouce monétaire, mais qui ne servira à rien puisque les États-Unis sont justement entrés dans une « trappe à liquidités ». Cela signifie que les nouvelles injections de liquidités de la Fed ne soutiendront que faiblement, voire pas du tout, la croissance américaine. Le cash « donné » par la Fed est davantage utilisé pour spéculer sur les marchés financiers, ou pour alimenter l'épargne de précaution, que pour financer l'investissement et l'emploi.

Le problème est qu'il n'existe pas de recette miracle pour sortir d'une « trappe à liquidités ». Le Japon y est d'ailleurs enfermé depuis bientôt vingt ans et ne trouve toujours pas la sortie. Cette dernière ne peut passer que par un rebond de la confiance. Or, celle-ci risque de rester très faible, au Japon mais aussi aux États-Unis, notamment parce que les craintes sur la dette publique à venir demeurent grandes.

## Trichet

Il ne sert pas à grand-chose de s'appesantir sur le passé ni de se morfondre sur les erreurs commises. Néanmoins, celles de l'ancien président de la BCE, Jean-Claude Trichet, ont été tellement nombreuses et dramatiques pour la zone euro qu'elles méritent d'être rappelées, de manière à ne plus être commises. En trois mots : *Please, never again !* D'ailleurs, pour son départ en retraite, bien méritée (en octobre 2011), Jean-Claude Trichet aurait pu essayer de se faire pardonner en engageant une baisse du taux refi de la BCE ou au moins en laissant en entrevoir une à court terme. Malheureusement et sans véritable surprise, l'ex-président de l'institut francfortois est resté droit dans ses bottes, préférant le dogmatisme et le mépris plutôt que le pragmatisme et la conciliation.

Son héritage pourrait être résumé par la célèbre locution latine : *Errare humanum est, perseverare diabolicum* (l'erreur est humaine, persévérer est diabolique). Car, ce n'est pas une, ni deux, ni même trois erreurs que la BCE a commises au cours des huit années de « l'ère Trichet », mais une bonne quinzaine. L'énumération de ces dernières serait trop longue, souvenons-nous des plus « cuisantes ».

Dès l'automne 2003, fraîchement nommé, M. Trichet refuse d'abaisser le taux refi sous les 2 %, alors que la zone euro ne parvient pas à sortir de la léthargie et que l'Allemagne sombre dans une récession historique. Cet assouplissement aurait pourtant été justifié par le fait que l'inflation restait largement sous les 2 %. Qu'à cela ne tienne, la croissance molle perdurera jusqu'en 2006...

Si la BCE a mis tant de temps à desserrer son étreinte en 2002, puis a refusé de soutenir la croissance en 2003, elle se précipite en 2006 pour augmenter ses taux directeurs dès le moindre signe d'amélioration de l'activité. Dès lors, la croissance plafonne très rapidement et ne parvient pas à rattraper le retard accumulé au cours des années précédentes.

Ces deux erreurs majeures ne sont cependant rien au regard de celles qui vont suivre. Ainsi, en 2007, alors que la crise des *subprimes* éclate et que la croissance eurolandaise commence déjà à reculer, la BCE continue d'accroître ses taux directeurs. En juillet 2008, la BCE atteint des sommets en matière d'aveuglement, en augmentant encore son taux refi, alors que l'UEM est en train de plonger dans sa plus grave récession. Le taux de chômage explose alors, mais la BCE demeure sourde aux risques sociaux.

Bien sûr, lors de la crise financière consécutive à la faillite de Lehman Brothers, la BCE se décide enfin à réagir dans le bon sens. Mais, face à un tel drame, qui n'en aurait pas fait autant ?

Pourtant, toujours fier du travail accompli, l'institut francfortois décide de figer le taux refi à 1 %, alors que toutes les autres banques centrales du monde développé amènent leurs taux directeurs centraux entre 0 et 0,5 %. L'euro s'apprécie alors fortement, et le peu de reprise qui était en train de s'esquisser dans l'UEM disparaît presque aussitôt. Mais, peu importe, la BCE continue sa lutte contre la croissance et augmente son taux refi en avril et en juillet 2011, alors que la croissance eurolandaise fléchit dangereusement et que la crise grecque commence à dégénérer. À l'évidence, il aurait été difficile de faire pire. Le plus triste est qu'en dépit du sacrifice permanent de la croissance économique, Jean-Claude Trichet a quitté la BCE avec une inflation eurolandaise à 3 %.

Autrement dit, M. Trichet aura eu faux sur toute la ligne, puisqu'il aura réussi à casser la croissance sans parvenir à limiter l'inflation. Viser une cible d'inflation globale à 2 % n'a aucun sens économique. L'article 105 du traité de Maastricht, qui définit les statuts de la BCE, s'est d'ailleurs bien gardé de fixer un objectif chiffré. En effet, la seule inflation sur laquelle une banque centrale peut exercer un pouvoir est l'inflation par la demande. C'est la raison principale pour laquelle toutes les banques centrales de la planète ont un objectif d'inflation hors énergie et produits alimentaires. Toutes, sauf la BCE, qui se croit bien sûr plus forte que les autres. Résultats des courses : en s'obstinant à vouloir lutter contre une inflation que l'on ne maîtrise pas, on ne réussit qu'à affaiblir les fondamentaux économiques.

Évidemment, tous les maux de la zone euro ne sont pas dus aux seules erreurs stratégiques de la BCE et de son ancien président. Mais ce dernier n'a rien fait pour les limiter. Il les a, au contraire, aggravés. Les marchés boursiers ne s'y sont d'ailleurs pas trompés puisqu'ils ont souvent réagi négativement aux atermoiements de l'institution. Depuis le départ de Trichet, les marchés financiers se portent évidemment beaucoup mieux. Enfin, à ceux qui voulaient croire que l'édile français n'était pour rien dans la stratégie extrémiste de la BCE, Mario Draghi a réussi à démontrer le contraire en quelques mois.

Avec le départ de Jean-Claude Trichet, la crise de la dette a perdu son plus fidèle allié.

## Trou noir

Face à des taux d'intérêt trop élevés, à un euro trop fort et à une exacerbation des tensions politiques au sein de l'UEM, de nombreux pays seront contraints d'abandonner la monnaie unique. À l'instar de l'Argentine qui ne put sortir de la crise qu'en dévaluant fortement sa devise, ces pays n'auront d'autres choix que de retrouver leur devise d'antan, avec une dépréciation massive. Alors qu'il y a encore quelques trimestres la grande majorité des économistes, politiciens ou observateurs de la « chose économique » avançait que cette éventualité était impossible, ils se sont désormais rendus à la raison. Oui, même si nous ne la souhaitons pas, l'explosion de la zone euro et le retour au franc sont possibles.

Un tel cas de figure serait évidemment catastrophique et entraînerait l'Europe dans un véritable « trou noir ».

Tout d'abord, il faudrait adapter les systèmes de comptabilité bancaire et ensuite émettre les nouveaux billets. Rappelons-nous que la mise aux normes des systèmes informatiques des banques lors du passage à l'euro en 1999 a pris environ deux ans. Quant aux pièces et billets, ils ne sont arrivés dans les mains des citoyens que trois ans plus tard. Inutile de dire que le chemin inverse constituerait un vrai capharnaüm, avec toutes les confusions, les erreurs et les valses des étiquettes que cela engendrerait.

Mais ceci ne serait presque rien comparativement aux autres conséquences de ce retour en arrière. Car, si un pays sortait de la zone euro, il ne bénéficierait plus de la « protection » de cette dernière, notamment en matière d'évolution des taux d'intérêt des obligations d'État. Par exemple, si la Grèce quittait l'UEM aujourd'hui, elle ne pourrait plus bénéficier des taux bonifiés à 4,5 % que lui assure la zone, mais elle devrait payer les véritables taux de marché, soit au moins 30 % pour le taux à dix ans. Quant à la France, sa sortie de l'euro se traduirait par des taux d'intérêt des obligations d'État d'au moins 10 % pour le taux à dix ans. Au-delà de l'aggravation du déficit et de la dette, cette tension dramatique susciterait un écroulement de l'investissement et de la consommation, donc une aggravation de la récession, puis une nouvelle augmentation du déficit, donc une hausse des taux d'intérêt.

Pour tenter de stopper l'hémorragie, le gouvernement français n'aurait alors d'autres choix que de rétablir le contrôle des changes et d'augmenter drastiquement les droits de douanes ainsi que tous les impôts et taxes qui pèsent sur les acteurs économiques nationaux. Certes, la Banque de France pourrait à nouveau activer la « planche à billets » et monétiser la dette publique. Mais, attention, ce scénario se traduirait par un nouvel effondrement de la crédibilité de la France sur la scène internationale. De plus, en créant de la monnaie *ex nihilo*, c'est-à-dire sans création de richesse correspondante, l'inflation grimperait vers les 8 %, ce qui grèverait encore le peu de pouvoir d'achat des Français et aggraverait la récession. Rappelons-nous : si la « planche à billets » américaine n'a pas généré de forte inflation ces dernières années, c'est parce qu'il existe une importante demande mondiale de dollars. À l'inverse, si demain la France reprend le franc, ce dernier ne bénéficiera pas d'une forte demande internationale. Il y aura sûrement une forte demande de francs suisses, mais pas de francs français…

Quant à la taxation excessive des patrimoines et des entreprises, elle se traduirait par un nouvel écroulement de l'investissement et de la consommation, donc par une exacerbation de la récession, avec toutes les conséquences sociales dramatiques que cela engendrerait. Déjà « à fleur de peau », les populations défavorisées deviendraient incontrôlables, ce qui finirait par provoquer des émeutes, voire une guerre civile.

Enfin, pour couronner le tout, l'explosion de la zone euro imposerait à la plupart de ses anciens membres de chercher des moyens de financement de leurs déficits en dehors des marchés financiers. Certains n'hésiteraient pas à se tourner vers les seuls pays qui disposent aujourd'hui de liquidités conséquentes, en l'occurrence ceux du monde émergent, en particulier la Chine et les pays du golfe Persique. Toujours à l'affût des bonnes opportunités, ceux-ci ne manqueraient pas de saisir la balle au bond, en investissant massivement en Europe. Après avoir pris le contrôle économique de l'Asie et d'une grande partie de l'Afrique, les Chinois s'imposeraient donc sur le Vieux Continent, qui deviendrait également la proie des fonds qataris, russes, indiens, saoudiens... Face à une telle menace, les États-Unis ne resteraient évidemment pas les bras croisés, avec tous les risques de conflits que cela suppose.

En d'autres termes, si la sortie de la zone euro est tout à fait possible, il faut savoir qu'elle se traduirait forcément par une récession aggravée et durable, par une crise sociale sans précédent, mais aussi des guerres civiles, voire un conflit militaire international. Bref, l'Europe et le monde s'engageraient bien dans un « trou noir » à la profondeur insoupçonnée.

## Twin Deficits

Cela est presque devenu un mode de vie : depuis bientôt trente ans, les États-Unis et la France ont une caractéristique commune : le cumul d'un déficit de la balance commerciale et des comptes publics. À priori insoutenable, cette situation, que l'on appelle communément *twin deficits* (les déficits jumeaux), perdure et ne semble même pas susciter de graves préjudices pour les pays en question. Comme souvent, les apparences sont trompeuses…

Certes, dans ce double tunnel déficitaire, il y a eu des phases de pause ou de rémission. Outre-Atlantique, les comptes publics ont su tirer profit de la croissance forte des années 1993-2000 pour redevenir excédentaires. Et ce pendant trois ans, en l'occurrence de 1998 à 2000. L'État américain commençait même à rembourser une partie de sa dette par anticipation. Quant au déficit de la balance commerciale, à l'exception des années de récession 1981 et 1991 (qui ont mécaniquement réduit le volume des importations), l'Oncle Sam n'a cessé d'accumuler les déficits, le dernier excédent annuel remontant à 1976. Les déficits commerciaux américains de 2012 (42 milliards d'euros en moyenne) confirment d'ailleurs que l'heure de l'excédent est encore très lointaine.

Du côté français, la donne apparaît encore plus dramatique. Ainsi, le dernier excédent des comptes publics hexagonaux remonte à 1974 ! Depuis, avec ou sans croissance, la France a été incapable d'assainir ses finances publiques. Et si l'Administration Clinton a réussi à profiter des années de croissance forte (1998-2000) pour obtenir un excédent, il n'en a pas été de même du gouvernement Jospin qui a préféré utiliser la dernière période de croissance soutenue qu'ait connue la France pour augmenter les dépenses publiques et creuser le déficit public structurel. Bien loin de cette irresponsabilité, les entreprises exportatrices françaises ont tout de même réussi à transformer le déficit extérieur chronique de la France en excédent de 1994 à 1999. Il faut dire qu'à l'époque, la faiblesse de la demande nationale (du moins jusqu'en 1998) et la sagesse des prix pétroliers limitaient les importations françaises, tandis que nos exportations profitaient des efforts liés à la politique de désinflation compétitive. Malheureusement, cette accalmie n'a été que de courte durée. Ainsi, à partir de 2000, les déficits commerciaux sont revenus en force, pour atteindre dernièrement des niveaux historiquement élevés : plus de 74 milliards d'euros en 2011 et près de 70 milliards en 2012.

Le plus incroyable réside dans le fait que l'annonce régulière de ces *twin deficits* et de leur aggravation passe presque inaperçue, que ce soit en France ou aux États-Unis. Ainsi, chaque mois depuis bientôt dix ans, la publication d'un déficit extérieur français de plus en en plus élevé (environ 5 milliards d'euros par mois et 65 milliards d'euros par an depuis 2010) n'émeut presque personne. Plus gênant encore, le gouvernement soutient que ses prévisions d'une croissance de 0,8 % en 2013 sont principalement justifiées par une forte augmentation de nos exportations. Soyons sérieux : si déjà avec une croissance mondiale de 5,1 % en 2010, de 3,8 % en 2011 et de 3,3 % en 2012, le déficit extérieur français a atteint respectivement 52,5, 74,3 et presque 70 milliards d'euros, comment pourrait-il se réduire significativement en 2013, avec une progression du PIB mondial d'environ 3,3 % ? D'autant que notre premier partenaire commercial, la zone euro, replonge dans la récession et que, par-dessus le marché, l'euro/dollar reste trop fort.

De même, comment peut-on demander aux Français de croire que le déficit public sera réduit à 3 % en 2013, avec le poids des dépenses publiques stabilisées à 56,3 % (souvenons-nous, l'un des niveaux les plus élevés du monde) et une augmentation des impôts qui ne fera finalement qu'aggraver la récession et réduire les recettes fiscales à venir ? Ce n'est pas parce que Barack Obama essaie de faire avaler la même chose aux Américains qu'il faut l'imiter. Le président américain propose d'augmenter encore les dépenses publiques lors de son second mandat, ce qu'il a fait ces quatre dernières années, avec les résultats mitigés que l'on connaît. S'il tient ses promesses (ce qui, heureusement, est loin d'être gagné), il faudra se rendre à l'évidence : le plafond de la dette publique américaine sera encore dépassé et le Congrès ne manquera pas de bloquer la situation. La note de l'Oncle Sam sera donc fortement dégradée, suscitant une crise analogue à celle que vit la zone euro depuis trois ans. Face à un tel clash, une nouvelle récession et une grave tempête financière s'imposeront outre-Atlantique, mais aussi dans la zone euro et en France, qui ne manqueront pas d'être également dégradées et de subir, *de facto*, une désaffection des investisseurs.

Malheureusement, ni les États-Unis ni la zone euro, et encore moins la France, ne disposeront de marges de manœuvre suffisantes pour inverser la tendance comme ils ont pu le faire en 2009. La Chine, l'Inde et de nombreux autres pays dits émergents pourront alors rafler la mise sans difficulté et racheter de plus en plus d'actifs et de technologies à travers le monde occidental à bon compte. Parallèlement, affectés par des *twin deficits* qu'ils auront de plus en plus de mal à combler, les États-Unis perdront leur place de première puissance économique mondiale d'ici une dizaine d'années au profit de la Chine. Quant à la zone euro, elle aura depuis bien longtemps explosé, laissant ses anciens pays membres dans le chaos, et particulièrement la France qui, à force d'avoir accumulé les *twin deficits* sans réagir, sera devenue un Disneyland géant, dont les Chinois et les Qataris raffoleront.

Faut-il vraiment en arriver là pour enfin comprendre la gravité de la situation et notamment admettre que nos déficits jumeaux sont devenus intenables et extrêmement dangereux ? Certainement pas. Aussi, même si cela ne fait pas plaisir à tout le monde et même si je prends des risques en m'obstinant à dire la vérité, je continuerai. Tel devrait normalement être le cas de tous les économistes, observateurs économiques et dirigeants politiques. Malheureusement, par manque de courage et/ou pour des raisons alimentaires, ou encore par simple dogmatisme, le mutisme, le politiquement correct et la pensée unique continuent de faire des ravages.

# V

## Volatilité

La volatilité des marchés, mais aussi des opinions, est inévitable et usuelle. Son caractère habituel a même été renforcé avec les crises de 2008-2012. À tel point qu'elle pourrait donner lieu à une nouvelle version de la célèbre ritournelle *Comme d'habitude* :

*Je me lève, l'UEM bascule*
*Les dirigeants ne bougent pas*
*Comme d'habitude.*
*Sur la Grèce, on met un sparadrap*
*On a peur que ça se voit*
*Comme d'habitude.*
*La dette monte jusqu'aux cieux*

*Tout le monde reste coi*
*Comme d'habitude.*
*Angela nous tourne le dos*
*Comme d'habitude.*

Blague à part (désolé, on s'amuse comme on peut quand on est économiste), la remontée récente des marchés boursiers, en particulier en Europe, nous paraît relever davantage du rebond technique que de la tendance de fond. Certes, la résistance de l'économie américaine a de quoi rassurer (quoique...). En revanche, nous sommes toujours loin du compte sur le Vieux Continent. Tant que la crise de la dette et celle de la zone euro ne seront pas vraiment résolues, la volatilité des marchés financiers restera extrêmement forte. Il faut donc se préparer à plusieurs mois de haute voltige au cours desquels les phases de hausse des marchés boursiers succéderont à des mouvements de forte baisse, et réciproquement.

Sur l'ensemble de l'année, les grands indices boursiers européens pourraient monter jusqu'à 10 %, tandis que leurs homologues américains gagneraient environ 15 %, bénéficiant également d'un effet dollar, puisque, comme nous l'avons vu, ce dernier s'appréciera, en dépit de quelques soubresauts. N'ayant aucun intérêt à voir la zone euro disparaître, les États-Unis devraient effectivement permettre une sensible appréciation du dollar face à l'euro. D'ailleurs, tant que l'euro ne passe pas sous 1,10 dollar, le billet vert reste compétitif pour l'Oncle Sam. La réélection de Barack Obama ne devrait d'ailleurs pas changer grand-chose puisque les républicains comme les démocrates sont plutôt d'accord pour permettre au dollar de s'apprécier tant qu'il ne nuit pas à l'activité. Parallèlement, dans le cadre d'une croissance américaine d'environ 2,2 % cette année, l'inflation devrait se stabiliser autour des 2 %. Cette prévision suppose évidemment que les tensions au Moyen-Orient ne dégénéreront pas et n'amèneront donc pas le baril à dépasser durablement les 120 dollars. De la sorte, les taux d'intérêt à long terme américains devraient remonter progressivement au-delà des 3 %, sans pour autant déraper. Ils intégreront ainsi la résistance de la croissance et l'anticipation d'un resserrement monétaire de la Fed à partir du printemps 2014.

En fait, comme en matière de prévisions économiques, les plus grandes incertitudes sur le front financier restent européennes. Ainsi, tant que les autorités politiques et monétaires n'auront pas engagé des réformes profondes et efficaces en matière de gouvernance économique, la crise de la dette perdurera et les taux longs resteront élevés, sauf en Allemagne.

Pour conclure, voici les quatre grandes échéances qui risquent de chahuter les marchés et d'alimenter la volatilité en 2013 :

- printemps 2013 : confirmation de l'aggravation de la récession dans la zone euro ;

- d'ici début juin : nouvelle dégradation des notes des dettes publiques eurolandaises ;

- septembre 2013 : élections législatives allemandes – bien plus que le résultat, l'important résidera dans les décisions qui seront prises par la suite ; soit l'Allemagne met de l'eau dans son vin et la zone euro sera sauvée, du moins temporairement ; soit le ton se durcit et la crise de la zone euro sera relancée, suscitant une tempête sans précédent ;

- à n'importe quel moment de l'année, confirmation que l'Iran dispose de l'arme nucléaire.

Autant d'échéances et d'événements qui risquent de réserver beaucoup de surprises. Si le krach de 2008 devrait être évité, il faut néanmoins se préparer à de fortes turbulences.

## Voyous

Après l'annonce par Nicolas Sarkozy en 2011 de la création d'une taxe sur les transactions financières, notamment destinée à punir les « méchants spéculateurs », c'est au tour de François Hollande de sortir l'artillerie lourde contre le secteur financier. Rien de surprenant à cela, puisque lors de son « show » de lancement de campagne, il n'avait pas hésité à annoncer que son pire ennemi était « *le monde de la finance* ». Rien que ça ! À l'évidence, les financiers et les banquiers vont devoir raser les murs. Il faut donc prévenir de toute urgence les jeunes étudiants qui voudraient emprunter cette voie : soit ils changent d'orientation tout de suite, soit, s'ils continuent sur ce chemin, ils devront se préparer à quitter la France pour trouver un job. En fait, les seules destinations susceptibles de les accueillir restent, pour le moment, les États-Unis, l'Asie (notamment Singapour), quelques pays émergents et, dans une moindre mesure, Londres. Pour le reste, adieu veaux, vaches, cochons…

Bien entendu, il ne s'agit pas de dépeindre l'univers bancaire et financier comme un monde parfait. Comme partout, ce secteur produit aussi bon nombre de voyous. Je peux en témoigner : ayant passé la première partie de ma vie dans les cités HLM d'Orly et la seconde dans l'univers bancaire et financier tout en côtoyant une partie du monde politique, je pense humblement qu'il y a certainement autant de voyous dans ces trois mondes pourtant si différents. Les voyous de la finance sont évidemment mieux habillés et plus policés mais, derrière le vernis, certains ne valent pas mieux que ceux des cités. Il y en a même qui sévissent régulièrement dans les médias, en dépit des condamnations et escroqueries en tous genres. Ils correspondent parfaitement à l'image que l'on veut donner du « méchant financier » auprès du grand public : imbu de sa personne, méprisant et roublard. Il est clair que si la finance se résumait à ce type d'individus, François Hollande aurait raison de vouloir lui déclarer la guerre. Mais, de même qu'il serait stupide de masquer les côtés sombres de la finance, il serait tout aussi inepte de « jeter le bébé avec l'eau du bain » et de laisser croire que punir les financiers suffirait pour sortir de la crise.

Si le secteur de la finance est bien en partie coupable de la crise dite des *subprimes*, il ne faudrait pas pour autant lui imputer toutes les crises qui ont suivi et surtout celle de la dette publique. En effet, ce ne sont ni les marchés ni les banques qui ont demandé aux États d'augmenter démesurément leurs dépenses, ou de laisser déraper les déficits et les dettes, et ce sans croissance économique forte à la clé. Non, cette gabegie de dépenses publiques inefficaces est de l'entière responsabilité des dirigeants politiques depuis plus de vingt ans. D'ailleurs, dans le cadre de ces dérapages, les divers gouvernements étaient bien contents que les banques et les marchés achètent leurs bons du Trésor. Aussi fou que cela puisse paraître, on se retrouve donc dans une situation analogue à celles qui prévalaient au Moyen Âge, lorsque les seigneurs surendettés et incapables de rembourser leurs dettes enfermaient leurs créanciers et les faisaient passer pour des criminels. C'est bien connu, « *qui veut tuer son chien l'accuse de la rage…* »

Seulement voilà, nous sommes en 2013 et il n'est pas acceptable de laisser nos dirigeants adopter une telle pratique. Cette stratégie du bouc émissaire finira par coûter cher à l'économie française. Tout d'abord, n'oublions pas qu'environ 65 % de la dette publique hexagonale est détenue par des investisseurs étrangers. Si l'on effraie ces derniers, ils rechigneront à mettre la main à la poche, ce qui se traduira par une forte augmentation des taux d'intérêt et une aggravation de la récession. Ensuite, si les banques et les marchés sont mis au rebut, les entreprises et les ménages accéderont de plus en plus difficilement au crédit, d'où une baisse de l'investissement et de la consommation, entraînant une nouvelle dégradation de l'activité. Enfin, dans un monde ouvert et en pleine crise existentielle de la zone euro, cette nouvelle posture de la France risque encore de jeter le doute sur la pérennisation de l'UEM. Le drame est que les voyous de la finance, comme ceux de la politique, finissent souvent par s'en sortir. Et c'est Monsieur Tout le Monde qui paie l'addition.

# W

## Waterloo

Et si la crise de la dette publique devenait le Waterloo de l'économie française ? Les similitudes sont troublantes. D'un côté, les Allemands (en 1815, on les appelait les Prussiens) et les Néerlandais, adeptes d'une Europe de la rigueur, qui ont engagé une multitude de réformes structurelles depuis une dizaine d'années. À ce couple, se joignent les Britanniques qui, certes, ne sont pas dans la zone euro mais n'hésitent pas à critiquer vertement la stratégie d'augmentation des dépenses publiques et des impôts, notamment telle qu'elle est pratiquée dans l'autre camp. En l'occurrence celui de la France, qui devient l'objet de toutes les railleries outre-Manche. En dépit de son laxisme budgétaire et de sa piètre croissance, Paris continue de toiser ses partenaires-adversaires en soutenant que sa stratégie est la bonne, même si elle est la seule à la mettre en œuvre. Malheureusement, à force de devoir chercher des alliés qui s'avéreront finalement peu fiables et finiront par délaisser les obligations de l'État français, les taux d'intérêt français flamberont et ruineront les chances de sortir de la crise par le haut. La récession ira de plus belle, le chômage flambera et Napoléon I$^{er}$, pardon, François II, devra abdiquer. Les désordres sociaux, voire des situations de guérilla urbaine, se multiplieront et l'Europe sortira coupée en trois : les pays proches du modèle allemand, ceux qui préféreront le Royaume-Uni et le modèle anglo-saxon, et enfin les autres, dont la France et les pays du sud de l'Europe, qui mettront des années à panser leurs plaies.

Espérons donc que l'Histoire ne se répétera pas, que la France ne péchera pas par orgueil, qu'elle saura faire taire son dogmatisme pour sauver son système économique, la zone euro et, finalement, la paix.

# Y

## Yakisme

Depuis des décennies, les économistes, politiciens et conseillers de tous poils sont devenus des professionnels du « yakisme ». Pour sortir de la crise de la dette, c'est très simple, nous disent-ils, y a qu'à, faut qu'on… Bref, les solutions miracles seraient multiples. En réalité, dans la grande majorité des cas, celles-ci ne sont inspirées que par un dogme ou une idéologie.

Pis, une fois que ces solutions ont été développées et médiatisées, elles disparaissent aussi vite qu'elles étaient apparues. Ce dictionnaire a, lui aussi, l'ambition de sensibiliser aux dangers que revêt la crise de la dette, tout en essayant d'y apporter des solutions. Mais ces dernières n'obéissent à aucun dogme idéologique. Elles ont été élaborées en toute indépendance. Bien entendu, l'objectivité parfaite n'existe pas. Ces solutions ne sont pas la panacée. Elles doivent être affinées et invitent aussi au débat. Car c'est ainsi que nous sortirons vraiment de cette crise, en améliorant la culture économique et en débattant sans faux-semblants et sans préjugés. Le « yakisme » idéologique et télécommandé ne peut plus fonctionner.

C'est pourquoi, en prolongement de ce dictionnaire, j'invite toutes les personnes de bonne volonté à échanger et à apporter leur pierre à l'édifice d'une sortie de crise consensuelle, bien loin de la lutte des classes et des critiques stériles qui ont déjà fait tant de mal à notre pays. Pour ce faire, j'ai ainsi créé un forum, *sortirdelacrisedeladette.com* sur lequel toutes les idées constructives seront bonnes à prendre et permettront d'alimenter le débat public.

# Z

## Zone monétaire optimale

Il faut arrêter de tourner autour du pot : l'Union économique et monétaire ne pourra pas sortir de la crise de la dette, et plus globalement de sa crise existentielle tant qu'elle ne sera pas une zone monétaire optimale. Cela signifie qu'il existe une parfaite mobilité des capitaux, des entreprises, mais aussi des travailleurs au sein de la zone en question. Pour y parvenir, les pays qui la composent doivent œuvrer à une harmonisation de leurs conditions fiscales, budgétaires et réglementaires, créer un marché du travail unique, sans oublier d'instaurer un budget fédéral conséquent, capable de supprimer les chocs asymétriques au sein de la zone. En d'autres termes, si un des États membres connaît une crise spécifique (que l'on appelle un choc asymétrique), le budget fédéral pourra y remédier directement, annihilant ainsi les risques de contagion à l'ensemble de la zone.

Ne l'oublions pas, la création de l'euro n'était qu'une étape visant à donner naissance à une union politique et fédérale. On peut être favorable ou opposé à cette dernière mais, si on la refuse, il faut d'ores et déjà savoir que l'UEM finira par exploser, sortant donc de la crise de la dette par le bas, replongeant l'Europe dans un jeu non-coopératif et forcément destructeur.

## Zzz

De AAA à Zzz, telle pourrait être la conclusion de ce dictionnaire terrifiant de la dette. Car après avoir bénéficié abusivement d'un triple A, la France et la majorité des pays de la zone euro doivent désormais affronter une réalité bien difficile : croissance molle, voire récession durable, chômage élevé et bulle de la dette publique. Pour sortir de cette spirale infernale, il n'y a qu'une voie possible : celle du bon sens économique qui impose de se retrousser les manches, réformer nos structures économiques, améliorer le fonctionnement de la puissance publique, réduire la pression fiscale et réglementaire, fluidifier le marché du travail, permettre à la BCE de favoriser davantage la croissance, créer un budget fédéral eurolandais et développer la culture économique des citoyens. Bref, abandonnons le « Zzz » du ronflement et réveillons-nous !

# Index

## A



## B



## C



## D

## P



## Q



## R



## S



## T



## V



## W



## Y



## Z

ISBN : 978-2-35417-200-8
*Imprimé en France* - JOUVE - 1, rue du Docteur Sauvé - 53100 Mayenne
N° 2066622L - Dépôt légal : Mars 2013